年代・流行・場所を問わない「一生モノの好感度メイク」

完全ビジュアル版

テクニックさえ身につければ、「キレイ」はもっと引き出せる

ヘア＆メイクアップアーティスト
長井かおり

講談社

はじめに
INTRODUCTION

メイクはたったひとつあれば大丈夫。
鉄板のハウツーさえあれば、あとは何でもできる。
すべてのベースとなる〝アプリコットメイク〟が、
きちんと自分の引き出しにあることが大切なんです——。

これまで2冊の書籍と、1冊のムック本を出版させていただきましたが、
私はどの本でも共通して、少しもブレることなく、そうお伝えしてきました。
ぜひ、ひとつ前のページに戻ってみてください。彼女たちはみんな同じメイクをしています。
見事にそれぞれの個性と美しさが表れていると思いませんか?
〝長井メイク〟や〝唯一無二のメイク〟と皆さんが愛称をつけて
呼んでくださっている、アプリコットカラーを使ったたったひとつのメイクアップ方法は、
可愛らしいピュアな魅力に溢れる20代の方も、大きな岐路に立つ30~40代の女性にも、
また、還暦を迎えられるような素敵な人生の先輩でも、幅広く、そして
どんな人でも等しく〝自分史上最高〟を演出できるメイクだと自負しております。
おかげさまで多くの方々から、「長井さんのメイクで初めて自分に自信が持てた」
「メイクが楽しくなりました!」といった嬉しいお声をいただき、
私がお伝えしていることは間違っていなかったんだと、そして、

自信を持ってお伝えできるテクニックだったことを改めて実感いたしました。
しかし、その一方で、「どうしてもココのテクニックがわからない」
「まだ自分の中で完成形まで辿り着けない」という方がいらっしゃるのも事実です。
手に取ってくださった書籍を何度も読み込んでくださっているのだと
思うのですが、おひとりずつにお会いしてお話しできるチャンスがなかなかないため、
細かい部分をお伝えできないのは、私にとっても歯がゆい思いでした。

そこで今回は、今までの書籍やムック本の〝参考書〟として読み合わせていただきたい
渾身の一冊をつくりました。もちろん、基本のアプリコットメイクには
何の変わりもありません。ただ、多くの読者の方々と接する中で、
皆さんが陥りやすい落とし穴や、伝わりづらいポイントがあることが見えてきたのです。
皆さんが愛してくださるアプリコットメイクがわかりやすく伝わりますように。
そして、このメイクにはまだまだ奥深い世界があることをシェアできますように。
〝アプリコットメイク〟最高のバージョンとしてこの本をお届けします。
私自身が皆さんのそばで家庭教師のようにメイクトレーニングをしている——、
そんな一冊になれば嬉しいです。

CONTENTS

第1章

メイクトレーニング実況中継
絶対キレイになるテク伝授！

STAGE 1 ／ スキンケア

STAGE 2 ／ ベースメイク

STAGE 3／アイメイク

STAGE 4／チーク＆リップメイク

第2章

リップカラーを変えて楽しむ メイクの足し算・引き算

第3章

考えるメイクレッスン
読めば、メイクテクニックが2割増し

※コスメの価格はすべて税別表示。2018年5月23日現在のものです。

序章

なぜ、あなたは自分のメイクに満足できないのか？

「一日3分、3日」で英語を話せるようになりますか？

一日3分、どんなに真面目に練習したとしても、残念ながら3日で英語を話せるようになるのは無理……。そう思います。皆さんもきっと同感ですよね。

日本語とは文字も違うし、文法も違う。

それでも、多くの方が「英語が話せたら素敵だな」という思いで、一生懸命勉強しています。

ところが、日本語はどうでしょう？　一日3分、練習することはありますか？

自分の日本語がうまいかどうかを気にしたことはあるでしょうか？

おそらく多くの方が「普段の生活で困ることはないから――」とその使い方や美しさについて改めて、学んだことはほとんどないのではないでしょうか。そう考えると、メイクアップって、

まさに日本語、つまり国語と同じようなものだと思いませんか？

成長するにつれて自然と日本語が話せるようになってきたように、
メイクアップも成長するにつれて、自然と身につけてきたと思います。
誰から習わずとも、〝何となく〟できるようになっている。
ファンデは顔全体に塗ればいいし、チークは頬に、マスカラはまつ毛に、
口紅は唇に、と塗る場所を間違えることはありません。
見よう見まねでできてしまうので、改めて、習ってみようとか、ブラッシュアップ
しようとか思ったことがない――。それが、自己流のメイクアップなのだと思います。
もちろん、今のメイクアップのままでも不便はないかもしれません。
しかし、美しい日本語を話せる女性が輝いて魅力的に見えるのと同様、
自分史上最高のメイクアップができる女性は、今まで以上に美しく見えるのです。
難しいことは何ひとつありません。本書を参考にしながら、練習を重ねてみてください。
メイクの思い込みを一度捨て、ひとつひとつの効果を確かめながら練習していけば、
はじめのうちこそ時間は多少かかりますが、必ずテクニックが上達します。
そしてあなたは自分で自分の美しさをいつでも引き出せるようになるのです。

テクニックを身につければ、ベストメイクをいつでも再現できる

雑誌を賑わすトレンドメイクやカラーをたくさん使ったメイクは、
とっても可愛くて魅力的なのですが、自己流メイクで再現するのは至難の業。
小手先のテクニックだけでは、太刀打ちできない場合がとても多いんです。
「挑戦してはダメ」というわけではありませんが、やはりメイクテクニックの
基礎をしっかり自分のモノにしてから挑んだほうが、成功率は確実に上がります。
メイクは練習してこそ上達するのだという考え方を国語に例えましたが、
トレンドメイクは〝ファッション〟に例えるとわかりやすいと思います。
例えば、ちょっと難しめのコーディネイトに挑戦しようと思いつく人は、
それを〝思いつく〟だけの実力があるということ。メイクも同様です。
「トレンドメイクをやりたい！」と積極的にトライしている女性たちを見ていると

「やりこなす自信がある」場合が多い。メイクの基礎力が高いのだと思います。
だから、まずはベーシックなメイクテクニックをきっちりと身につけて、メイクの基礎力をどんどん向上させてください。いくら、
「今年はパステルカラーがトレンド。腫れぼったくは見えません！」
と言われても基礎力がないまま挑戦すると、失敗する確率は跳ね上がります。
事故を防ぐためにも、基本的なテクをしっかり学びましょう。
「でも、毎日ブラウンアイシャドウとアプリコットチークやリップだと面白くない」
と思う人もいらっしゃるかもしれません。その気持ちは、十分理解できます。
でも、ブラウンとアプリコットでつくるメイクは、例えるなら、時代が変わっても美しいとされる、グレース・ケリーやオードリー・ヘプバーンのような存在。
流行に左右されることなく、その人の美しさにそっと寄り添うことのできる〝タイムレス・クラシック〟なメイクなのだと思っています。
この本に出てくるテクニックはすべて、トレンドメイクに応用できます。自分史上最高のメイクを探り当てるべく、まずはこのアプリコットメイクをモノにしてみてください。

メイクの力の入れどころと抜きどころを知る

寝坊したときこそが、長井メイクの本領発揮——だと、私は思っています。

寝坊＝時間がない。時間がないから、やることに優先順位をつけざるをえない。

眉だけは描いて出かけたい、とか、シミだけは消したい、とか。

その人なりの「ない時間の中でやっておきたいメイク」、もしくは「やらなければ外出できないエリア」というのがあると思います。

寝坊して時間がないときにこそ、本当に必要なメイクが見えてくるんです。

でも、時間がたっぷりあるときはどうでしょう？

メイクが得意じゃないからこそ「やらないと不安だからとりあえず全部やる」人や逆にメイク上級者であるがゆえに「あれもこれも全部やりたい！」

「やらないとメイクをした気になれない」という人もいて、千差万別。

中には、メイクが超得意だからこそ、かえって「盛りすぎになってしまう」人も。
だから、ここでは私のホンネをお話ししますね。
朝、みんなが寝坊してくれたら……と思っています（笑）。
例えば、寝坊したのにフェイスラインまできっちりとファンデを塗ったら、実は完全に時間の無駄。時間がないからこそ、力を入れるべき場所と、抜いてもいい場所をとっさに判断すると思います。
「このエリアだけはしっかりやろう」とか、「こっちはササっと簡単に済ませよう」と思うのではないでしょうか。

きちんとやることで最大限の効果を発揮する場所と、力を入れすぎても効果が出ない、むしろ、逆効果になっている場所があることを認識してほしいのです。
〝長井メイク〟は何人もの方にメイクをして、レッスンを行った結果をきちんと検証し、それを理論化したもの。すべての工程に意味があります。
決して〝手抜き〟をしてほしいわけではありません。でも、覚えておいてください。
メイクは寝坊してしまったときのテンションでやるくらいがちょうどいい、と。

誰もがつくれる最高キレイな肌 〜美肌ゾーン〜

皆さん、これまでに雑誌やCMなどで化粧品会社の広告を目にしたことがあると思います。スキンケアやベースメイクの化粧品会社の広告は、

ほぼどのモデルさんも斜め45度を向いています。

その角度から見ると正面にくる〝頬骨〟にキラリと光が当たっていて、

「ああ、この人は肌がとってもキレイなんだ」そう感じることはありませんか？

前のページで、「寝坊したときのテンションでメイクをしてほしい」とお話ししましたが、

それは「力の入れどころと抜きどころをわかってほしい」ということだとお伝えしました。

私が提案する〝美肌ゾーン〟は、まさにその最たるものだと思います。

肌づくりは、全顔をカバーしなくてもいいのです。

目頭の下からこめかみまで、頬骨に沿ってカバーするまさにその位置が美肌ゾーン。

化粧品会社の広告で常に強調される勝負ゾーンであり、
シミや肝斑《かんぱん》や小ジワやくすみ、クマといった悩みが複合的に多発するゾーンであり、
誰かと向かい合って話すときに、隣や斜め向かいに座っている人からも、
意識することなく、常に見られている場所です。

さらに、頬骨の一番高い場所であることからも、そこが高ければ高いほど、
高低差からナチュラルな陰影が生まれ、立体的な顔立ちの印象を作る場所でもあります。

その〝美肌ゾーン〟をとことん盛ることが、長井メイクの肌づくりの基本。
それは、決して「寝坊したときに行う必要最低限の肌づくり」なのではなく、
「最大限の効果を発揮するため、肌作りを理論的に解析した結果」辿り着いた答えです。

美肌ゾーンを、もっともっと意識してみてください。盛れば盛るほど、
驚くほど肌全体が美しく見えるという、まさに〝魔法〟のようなエリアなんです。

ただし、ただ塗ればいいというものでもありません。そのためには下地をきちんと塗る、
目のまわりのくすみや毛穴をカバーしておく、といったプロセスが重要です。

自分の肌にはもっと美しく見せられる可能性があるのだと、気づいてもらえると思います。

個性が圧倒的に宿る場所 ～目元ゾーン～

目は〝個性が宿る場所〟と、このページのタイトルに書きました。

誰にでも等しく与えられている上下のまぶた、まつ毛、目頭、目尻なのに、

人によって形が大きく異なるエリアでもあります。

だからこそ、そこに、コンプレックスが生まれてしまうんですよね。

今まで数多くのメイクトレーニングを行ってきました。

本当にたくさんの人と向き合って、メイクアップの楽しさ、覚えるべきテクニックをお伝えしてきましたが、私が目元の話をした途端に、

「私は一重だから」「奥二重が気に入らないんです」「まつ毛が少なくて」

「左右の目の大きさが違うから」といったあらゆる悩みが噴出してしまい、

一気にネガティブになり心を閉じてしまわれる方が少なくなかったのも事実です。

雑誌を始めとする様々なメディアでメイクアップの企画を担当するときに、二重で目の大きなモデルさんが選ばれることは非常に多いです。

それでも私が提案する〝長井メイク〟では、二重さんも一重さんも奥二重さんも、目が小さい方も大きい方も、全員が同じ方法で目元をつくっていきます。

なぜなら、どんな目の形であったとしても、どんなサイズだったとしても、「まぶたを彫って影をつくる」「アイラインは見えるところに打つ、見えないなら足す」「まつ毛は根元が見えるまで上げる」「まぶたがかぶるところには執着しない」

といった理論は、〝美しく魅力的な目元をつくる〟ためには、まったく変わらず、等しく必要なプロセスだからです。形が違うことが最大の個性であり、それがその人だけの美しさに繋がるのだとどうぞ気づいてください。

メイクはパーツを細かくつくっていきますが、最終的に周りの人が判断するのは、トータルで見た印象の美しさなんです。無駄な努力はいっさい必要ありません。

美肌ゾーンと目元ゾーン、この2エリアだけに注力してください。

今までに見たことのない、自信に溢れた新しい表情に出逢えることを約束します。

BEAUTY COLUMN 1

日本一予約の取れない
メイク塾レポート！

帰るときには全員、表情が明るく、自信に溢れる

私は自分で開催しているメイクレッスンを〝レッスン〟ではなく〝トレーニング〟と呼んでいます。それは私のメイクトレーニングは「ただ教える」だけでも「ただ真似をしてもらう」だけでもなく、〝なぜ、こういうやり方でメイクをするのか〟という理由を知って、体に叩き込んでいただきたいからです。理由を納得してもらえれば、あとはテクニックを覚えるだけ。テクニックを身につけるには何度も練習してもらうしかありません。最後には私の厳しいチェックが待っています（笑）。合格しないと帰れない……というのは冗談ですが、曖昧なままお帰りいただくわけにはいかないので、最後まできっちりトレーニングします。だからこそ、終わったときには全員が笑顔。「新しい自分に出逢えた！」と皆さんが喜んでくれます。トレーニングでやっている方法のすべてをこの本に投入しましたが、手に取ってくださった皆さんにもぜひ、いつかお越しいただきたいと思います！

第1章

メイクトレーニング実況中継

絶対キレイになるテク伝授！

STAGE 1

SKIN CARE for MAKE-UP

メイクを支える土台〝ペトもち肌〟を作る。手つきと量を完全マスターして

スキンケアはスキンケア、ベースメイクはベースメイク、と別物と捉えていませんか？でも、よく考えてください。スキンケアはその後の肌づくりと地続き——。スキンケアはベースメイクのための土台づくりなんです。もちろん肌だけでなく、その上に施すカラーメイクがキレイに決まるかどうかも、このファーストステップが決め手。狙う仕上がりは〝崩れないツヤ肌〟です。抜かりなくいきましょう！

使用ITEM

アイテムの詳細は P.28

1

手でなじませずに
そのまま放置!

洗顔後の1秒はミストローションでカバー

ファーストローションはミストタイプで。肌をふやかして柔らかくするのが目的です。クルクルと回しながら、顔全体がびしゃびしゃになるくらいオン。5～6周させて。

使用ITEM

アイテムの詳細は P.28

2

スキンケアは手の使い方が命

化粧水は惜しまず、が大前提。手のひらからこぼれ落ちそうなほど化粧水を出し、顔全体にのばし広げます。片手ではなく両手を使うのは、忘れがちなエリアを取りこぼさないため。

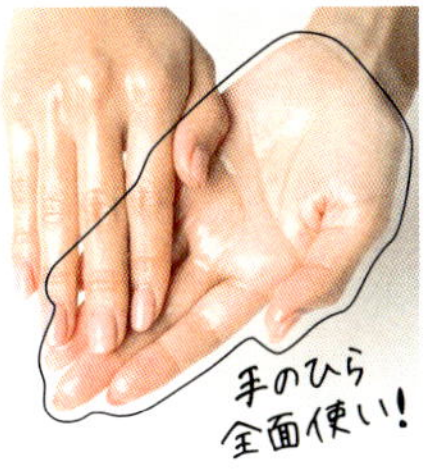
手のひら
全面使い!

のばすときは手のひら全体で

手のひら全体を使って顔に浸透させたいので、全面になじませて。とにかくケチるのは×。

化粧水で顔を洗えるくらいの量で!

化粧水は惜しまずたっぷり使って。手のひらのくぼみに池をつくるイメージです。

ダメなつけ方

指先でなんとなく

肌の奥まで入れるには
手のひら全体で！

目をつぶったまま

下まぶたのキワは目を
開けないと塗れません！

しつこく押し込む

時間をかけて何度も押し込
むのは、逆に乾燥の原因に。

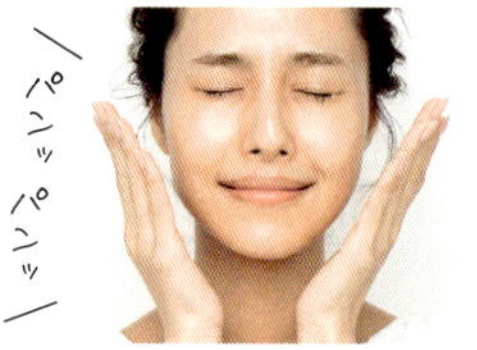

パンパンと叩く

肌に余計な刺激を与え
るマイナスの行為です。

3

目を開け、変顔※で小ジワをカバー

適当にすませがちなエリアの筆頭が目の下。下まつげを触るくらい目のキワまで塗るには視線を上に向けたまま、指の腹で丁寧に押し込むようにオン。ちゃんとやれば2週間後には細かいシワは消えています。小鼻の横や耳の裏、アゴの裏などの細部も忘れずに。

【変顔】…… "変顔" をすることで「塗り残し」を防ぐための超重要プロセス。

だから絶対
ペトもち肌を作って!

Q. なぜペトもち肌がいいの?

A1. メイクが最も密着!
A2. メイクが崩れにくい!
A3. ツヤ感も大満足レベル!

4

2,3の手つきで

美容液

≫

日中用UV乳液

の順番でつけ、
ペトもち※肌を目指す

5

ペトもち肌完成、
メイク準備完了!

+1 テク 季節によって「ペトもち」コントロール

ベトベト ← 冬 ― ペトもち ― 夏 → サラサラ

手の甲に肌が吸いつき、ちょっと〝持っていかれる〟感じがベストな「ペトもち」ですが、湿度や気温により夏は「サラサラ」、冬は「ベトベト」に寄せても。

【ペトもち】…… スキンケアが終わった時のベストな肌状態を表す。手の甲に肌が少し〝持っていかれる〟くらいの感じを示した言葉。

セカンドローション

Second Lotion

セカンドローションは保湿力の高さと質感選びが重要。保湿力＝トロみ質感と思いがちだけど、実は保湿力は秀逸でも肌表面がベタついてメイクの邪魔をする可能性が。熟慮して、ケチらずに惜しまず使える一本を用意して。

優れた保湿効果を持つシロキクラゲ多糖体やワイルドローズ葉エキスなどの保湿成分がイン。みずみずしさが続く保湿化粧水。ワイルドローズ モイスチャーローション 100mℓ ￥3800／ヴェレダ・ジャパン

数々のベストコスメ受賞歴もある化粧水は低分子ヒアルロン酸を配合した濃密保湿タイプ。なじみがよく肌に浸透。オルビスユー モイストアップローション 180mℓ ￥2800／オルビス

天然ミネラル・アミノ酸を豊富に含んだ白樺の樹液と樹皮のエキスを凝縮した白樺水を高濃度配合。弾力感が溢れ出す心地よい化粧水。AQ ローション 200mℓ ￥10000／コスメデコルテ

ファーストローション

First Lotion

洗顔直後の肌とセカンドローションとの〝橋渡し〟的役目を果たすもので、肌をふやかして柔らかくするのが目的。ライトな質感で成分的にもシンプルなものを選んで。サッと手軽に吹きかけたいからミストタイプがベター。

希少なミネラルや肌への有用性が研究されている〝セレン〟を豊富に含む。皮膚科医が採用するフランスの湧水だから敏感肌でも安心。ターマルウォーター 150g ￥2200／ラ ロッシュ ポゼ

ビタミンC配合で洗顔後のみならず、どのタイミングでも使いやすい美白ミスト。無香料・無着色で肌に優しい。ホワイトニング マルチシャワー（医薬部外品） 125g ￥2800／アユーラ

オーガニックのダマスクローズをキー成分にしたローション。プレ化粧水のほか、髪にも使える。ロゴナ リフレッシング フェイシャルトナー〈ローズ〉 125mℓ ￥2900／ロゴナジャパン

日中用UV乳液

Daily Milk

長井メイクではファンデや下地は部分使い。そのため、スキンケアの仕上げに使う日中用乳液でUVケアまで終わらせるのが鉄則。さらに、ベースメイクに入る直前に使うので、ベストなペトもち感が出せるものを選ぶこと。

紫外線吸収剤フリーのノンケミカル処方で美容液タッチの質感。敏感肌や乾燥肌の人でも安心。薬用ホワイトニングセラム UV（医薬部外品）SPF50+・PA++++ 30g ¥2200／DHC

ロングUVAまでしっかりブロックするしっとり乳液タイプの日焼け止め。皮膚科医も採用し、敏感肌の人でも安心。UVイデア XL SPF50・PA++++ 30mℓ ¥3400／ラ ロッシュ ポゼ

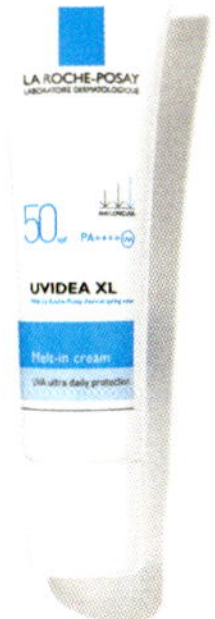

ヘチマ水や月桃《げっとう》など、自然素材を10種類以上使用。白浮きやベタつきがないうえ、石けんでオフ可能。Lar ネオナチュラル UVホワイトプロ SPF24・PA++ 30mℓ ¥2680／ネオナチュラル

美容液

Serum

美容液は気になる肌悩みに対処するためのアイテムなので、悩みを優先して好みで選んでOK。でも美白単体よりはモチモチ感やツヤ感までオールマイティに対応する総合美容液タイプのほうが、最終的な仕上がりがキレイ。

コクがあるのにサラリとフィット。厳選されたオイルとポリマーが透明なツヤ膜をつくる美容液。メイクノリもUP。ルナソル ポジティブソリューション 30g ¥5000／カネボウ化粧品

独自のモイストリフト成分と月下香培養エッセンスEXが、角層を潤いで満たして弾力を。ソフィーナ リフトプロフェッショナル ハリ美容液EX 40g ¥5500（編集部調べ）／花王

美容専門医のリフティング手法から発想。頬、ほうれい線、アゴはもちろん、顔全体を引き締める美容液。パーフェクショニスト プロ F+L セラム 30mℓ ¥11000／エスティ ローダー

STAGE 2

BASE MAKE-UP

下地 ≪ ファンデーション ≪ 仕込みチーク ≪ フェイスパウダー

ベースメイクの成功こそが美しさの鍵。すべての力をこのプロセスに注いで

皆さん、もう何度も耳にしたことがある言葉だと思いますが、改めてもう一度言わせてください。やはり、ベースメイクは「美しさの8割を握っている」のです。ベースメイクの成功なしに、その先の美しさは獲得できない——。何年もこの仕事をしてきて、そんな思いはつのるばかりです。さあ、最強の美しさを手に入れるためのトビラを開きましょう。それが、ベースメイクです。

下地の塗り方

エリアと量だけ意識したら、気楽に塗ってOK！

ファンデーション前に仕込んでおきたい下地は２種類。カラーコントロールをするピンク下地と、毛穴を隠すためのポアカバー系下地です。スキンケアプロセスの最後にUV効果の入った日中用乳液で顔全体をきっちりプロテクトしているので、ここでの下地塗りは、硬くならず気楽にどうぞ。といっても〝雑に塗る〟のはダメ。キーワードは適材適所。ピンク下地、ポアカバーともに、必要なところに必要量を塗ってください。

使用ITEM

アイテムの詳細は
P.35

1

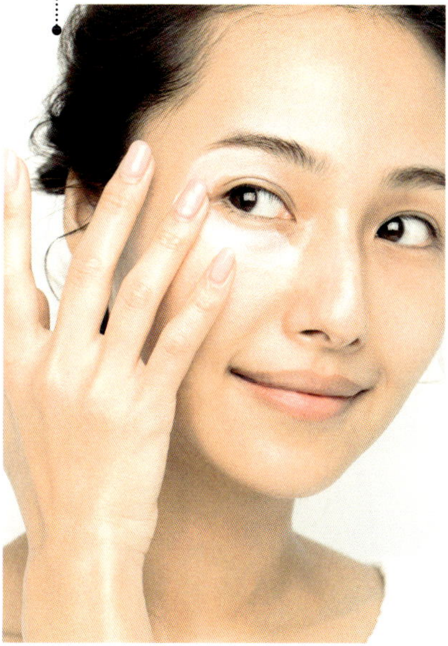

エリアガイド

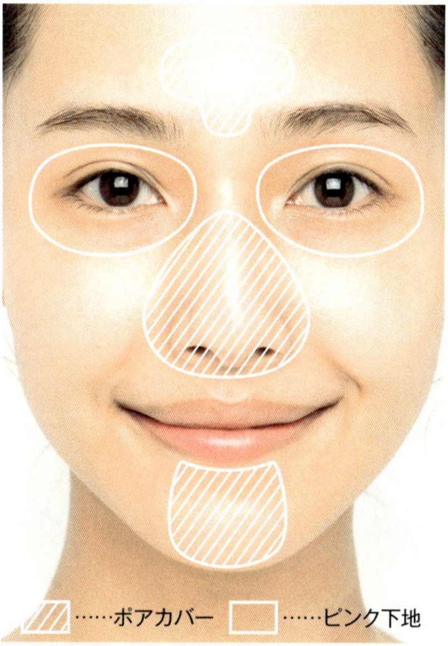

ゴーグルゾーンに指の腹でササッと

使用するのはピンク下地。グリグリと塗り込む必要はまったくありません。指の腹を使ってササッと広げていくのが正解。くすみがちな目のまわりを囲むように塗りましょう。

下地は必要なところだけ

目のまわりのくすみは意外と広いもの。ピンク下地は〝ゴーグルゾーン〟までしっかり塗って、くすみを払ってください。ポアカバーは毛穴が気になる鼻・小鼻まわりを中心に。

横向きでこめかみチェックを

死角になるこめかみには下地が溜まる可能性が。こめかみを引っ張り、ソソソ※となじませて。

事件

ピンク下地塗りすぎ女子多発事件

ここでピンク下地を塗るのは肌トラブルを隠すためではありません。くすみを緩和させるため。塗りすぎは白浮きにもなりかねません！

【ソソソ】…… 優しく丁寧に触るさま。指の腹を使って、なでるように触るイメージ。

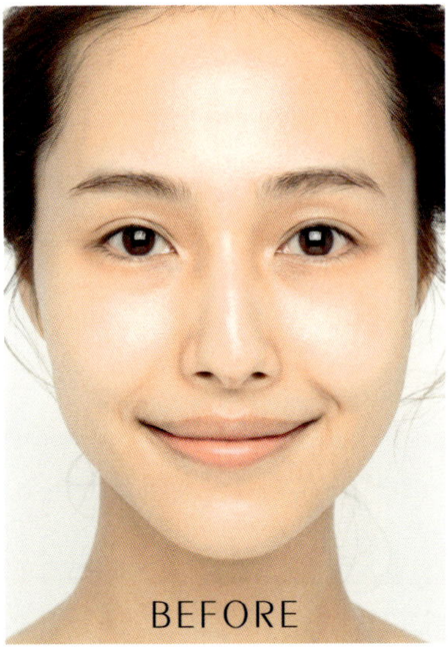

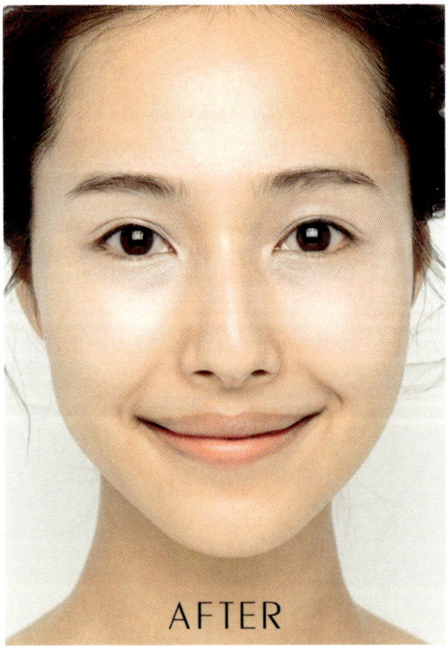

下地が完成！

2

アイテムの詳細は
P.35

変顔＆親のカタキ塗り※

毛穴はあらゆる方向に開いているので、ポアカバーは四方八方から塗り込む。鼻の下を伸ばすなど、塗りやすいように**変顔**をしながら「これでもか！」と攻めの姿勢で塗り込んで。

こんな人はポアカバー不要

- ファンデが崩れない人
- Tゾーンの皮脂が出ない人

【親のカタキ塗り】…… あらゆる方向に開いている毛穴に対して、ポアカバーを全方位から攻めの姿勢で塗り込むこと。

ポアカバー
Pore Cover

毛穴の凹凸をフラットにし、皮脂をおさえて、メイクを崩れにくくするのが目的。サラサラになるのはOKだけど、肌が乾燥してしまうのはNG。保湿力までカバーするものがベスト。

モデル使用

ポアカバー粉体を配合。軽いクリームのような質感で、どんなサイズの毛穴も、黒ずみ毛穴も瞬時にカバー。ラクチュール パーフェクト ポアカバー 15g ￥2700／コスメデコルテ

保湿成分配合で、とろけるようになじんだ後はサラサラ。表面の凹凸をつるんと補整。マキアージュ フラットチェンジベース SPF15・PA＋＋ 6g ￥2500（編集部調べ）／資生堂

メイク前＆メイク後も使用可能。どんな凹凸も一瞬でフラットに。シワの影もソフトフォーカス。イレーサーアディクション 8g ￥3500／アディクション ビューティ

ピンク下地
Pink Base

くすみを払拭させるためにうっすらとピンクに発色するのはもちろん、デリケートで乾燥しやすい目元に使うので、クリーミィで保湿力が高いタイプを選んで。しっかり潤いながら肌へのなじみがいいことが大切。

モデル使用

肌なじみがよく、表面をつるんと整える。明るさと透明感が演出できるピンク。パンプリフティング ベース R PK100 SPF25・PA＋＋ 30mℓ ￥5000／エレガンス コスメティックス

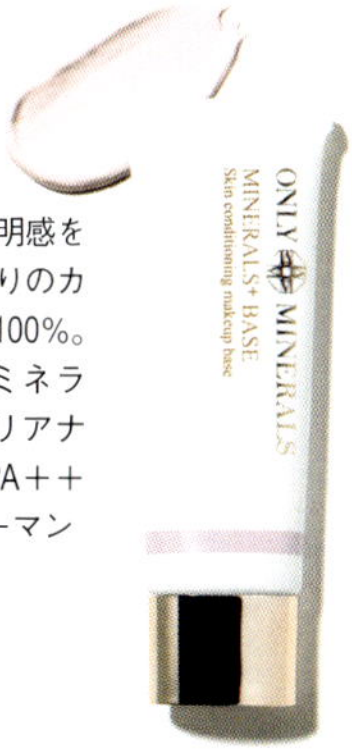

くすみを飛ばして透明感を出せるラベンダー寄りのカラー。天然由来成分100%。オンリーミネラル ミネラルプラスベース クリアナチュラル SPF27・PA＋＋＋ 25g ￥2800／ヤーマン

美容液成分80%以上配合でナチュラルなツヤ感が。繊細なパール入り。キャンメイク ジューシーグロウスキンベース 02 SPF40・PA＋＋ 20g ￥650／井田ラボラトリーズ

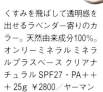

ファンデーションの塗り方

渾身の力を込めるのは、ココ！目の下の〝美肌ゾーン〟のみ

長井メイクの一番のポイントがファンデーションの塗り方。「ココに注力すれば肌は必ず120％美しく見える」という〝美肌ゾーン〟にファンデを盛るテクニックを紹介します。このハウツーを成功させるには、美肌ゾーンのエリアや必要量を正しく把握するのはもちろん、ファンデの質感やそれを広げるためのスポンジ選びもかなり重要に。美肌ゾーンが正しく盛れれば、あっという間に〝幸せ顔〟が完成します。簡単なので練習して、ぜひコツを覚えて！

盛るにはのびがいいものを

テクスチャー

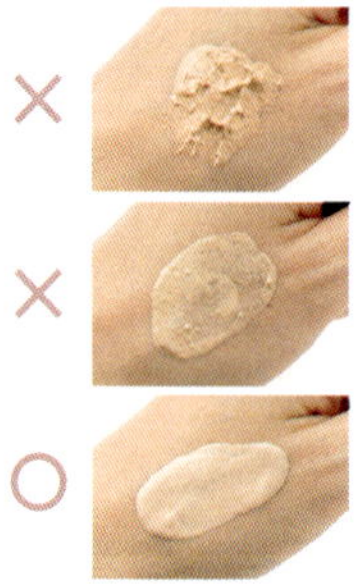

シャバシャバ系やムース状のファンデーションは、長井メイクでは盛りにくいので残念ながらNG。みずみずしくのびがいいタイプを選んで。最近はクッションファンデにも盛れるものがあります！

肌より一段暗めが正解

色選び

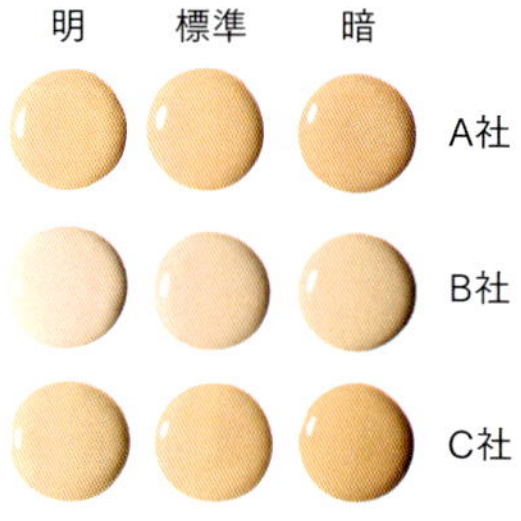

メーカーによってファンデーションの色みはこんなにも違います。カウンターで「お肌が白いですね。標準色でOKです」と言われても、勇気を出して「一段暗い色を見せてください」とお願いして。必ず肌の上にのせて確認してから色を選ぶこと。必須です！

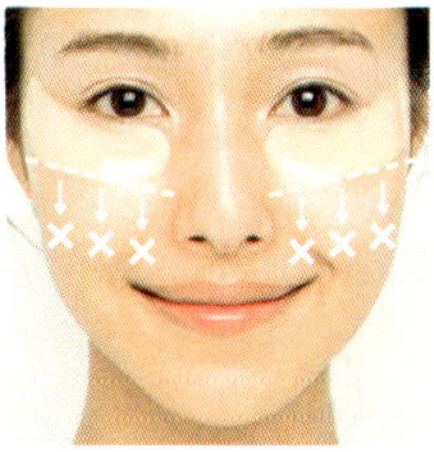

広げずに、頬骨より上に収める

美肌ゾーンは下まぶたのキワから指２本程度を死守。それより下がると効果が半減。

使用ITEM

アイテムの詳細は P.46

1

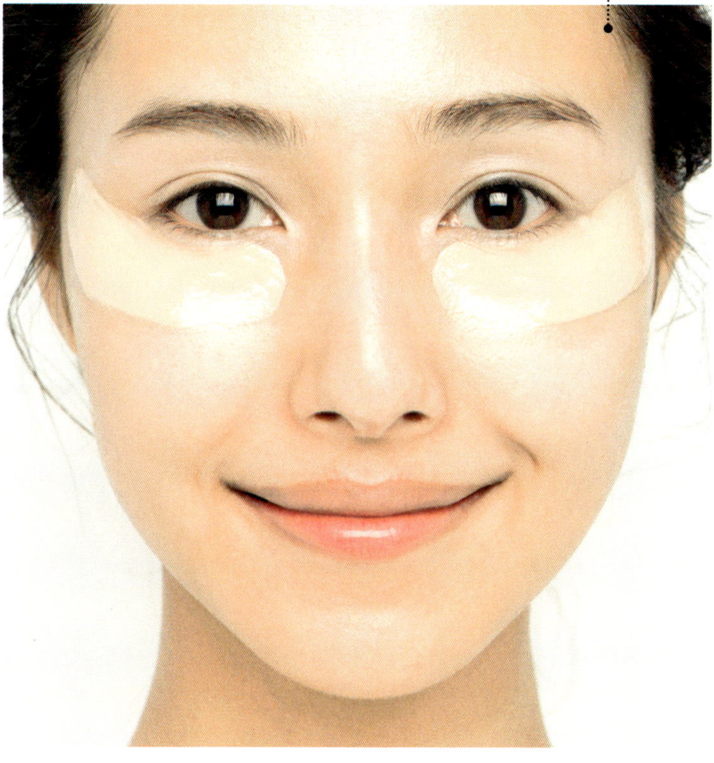

量をたっぷり！美肌ゾーンをキープ

美肌ゾーンは目頭の下から頬の高い位置を通って、こめかみまでのエリア。ファンデーションはこのゾーンにだけ、たっぷりのせます。

事件

盛ってます盛ってます詐欺

私が開催しているメイクトレーニングでは、９割以上の参加者が「盛っているつもり」で実は「盛り」が足りていません。美肌ゾーンは量が決め手。厚塗りになりそうと躊躇せず、たっぷりとのせて。

スポンジ面は間違えないで

スポンジの中にはつるんとした面があるものも。その面ではうまくのらないので注意。

Q. スポンジがファンデでジュワジュワになるけどいいの？

A. いいんです！
長井メイクではこの後このスポンジを「仕込みチーク」まで使います。

2

盛って、
盛って、
盛る!!

肌に対して垂直にスタンプ塗りで定着！

美肌ゾーンに置いたファンデは、〝印籠持ち※〟したスポンジでスタンプを押すように、トントンと垂直に優しく叩いてなじませて。美肌ゾーンは厚盛りのまま。絶対に広げてはいけません。「盛り」が足りないと感じたらファンデを追加して。

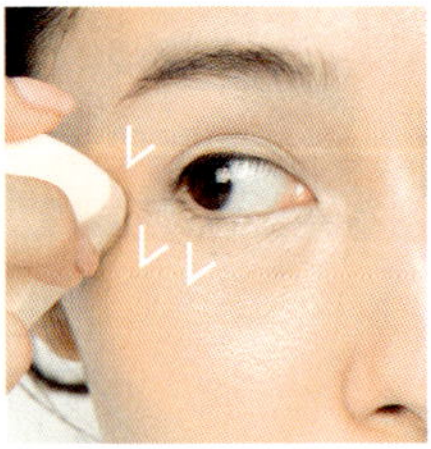

引っ掻くようなレ点置きは禁止

ありがちなミスは、レの字を書くように引っかきながらのばすこと。あくまでも垂直です。

【印籠持ち】…… そのまま肌に垂直に当てられるよう、スポンジを大きく全体で持つ方法。

美肌ゾーンとオーラゾーン

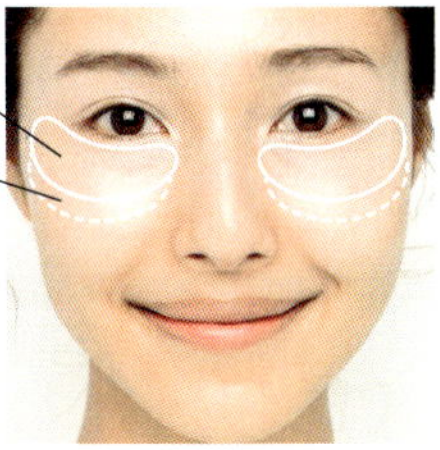
美肌ゾーン
オーラゾーン

3

ほかのエリアとの繋ぎには〝**オーラ**※〟を

実線で囲んだエリアが美肌ゾーン。その下に**オーラ**をつくって、ほかのエリアとの繋ぎに。スポンジの逆側のキレイな部分を使い、ファンデがついていないエリアとなじませることで、**オーラ**がキレイに生まれます。

4

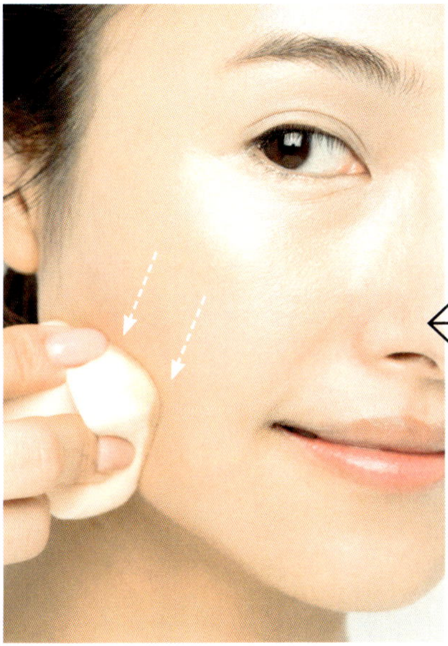

スポンジの残りファンデで仕上げる

美肌ゾーンをトントンしたスポンジ面に残っているファンデで、**オーラ**の下からササッと下方向にファンデをなじませます。ここでファンデは絶対につけ足しません！

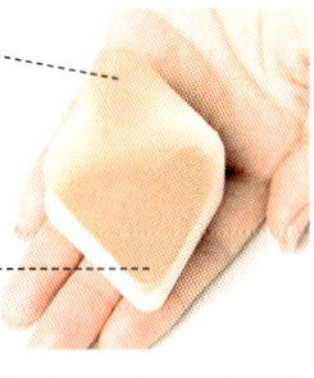
Ⓑ
Ⓐ
終わった後の
スポンジはこんな感じ

Ⓐが美肌ゾーンとその他エリアに使った部分。Ⓑが**オーラ**づくりに使った部分。

【**オーラ**】…… ファンデーションやチークなどをのせたところとその他のエリアとの「繋ぎの役目」を果たす部分（もの）。

使用 ITEM

アイテムの詳細は
P.47

5

+1
テク

吹き出物や気になるシミには綿棒コンシーラーを

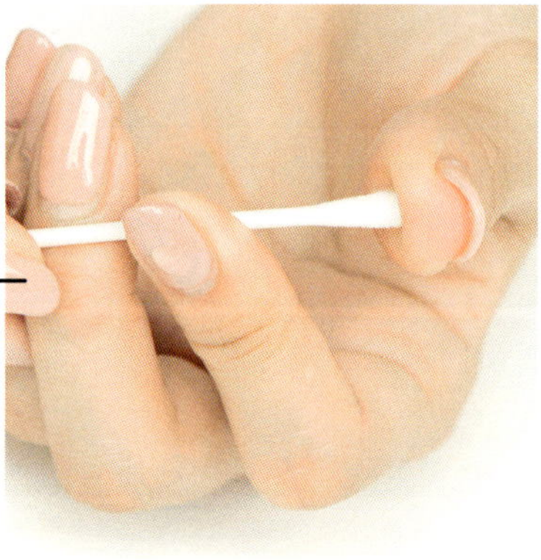

コンシーラーは肌に対して垂直に

平らに整えた綿棒の先をコンシーラーに垂直に当てて移し取ったら、気になるポイントに対して垂直に叩き込むようにしてオン。

平らに整えた綿棒が必需品！

使うのは綿棒。綿棒の頭の部分を指の腹でギュッと垂直に押し、フラットに。指先が少し痛くなるくらいの力が必要。

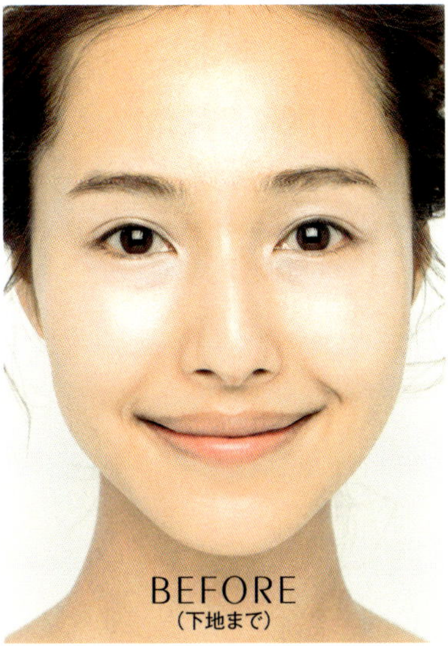

指で触らず、スポンジでフィックス

ファンデに使ったスポンジをここで再利用。コンシーラーをなじませるイメージでトントンとカバー。こするのはNG！

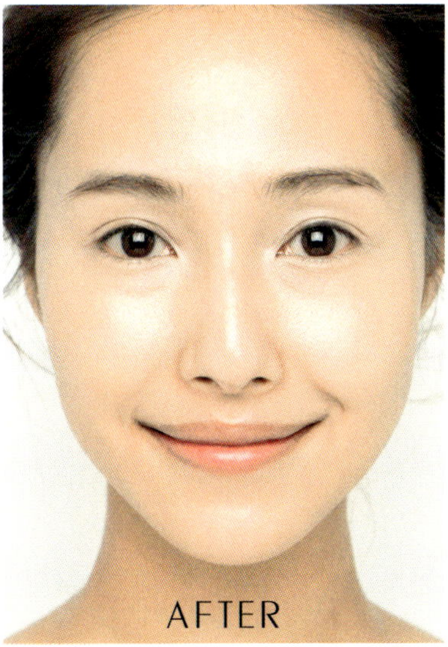

ファンデーションが完成！

仕込みチークの塗り方

「夕方、チークが消えちゃう事件」を回避するためにも仕込みはマスト

ほとんどの人が「チークはパーツメイク」と捉えていると思いますが、長井メイクでは「チークはベースメイク」です！ このタイミングで仕込むのはクリームタイプのチーク。あくまでも〝仕込み〟で、後からパウダータイプのチークをのせますが、この仕込みがあるからこそ「時間が経ってチークが消えた！」という事態を回避できるのです。仕込みチークは入れる場所と濃さと色選びが大切。ポイントを押さえて！

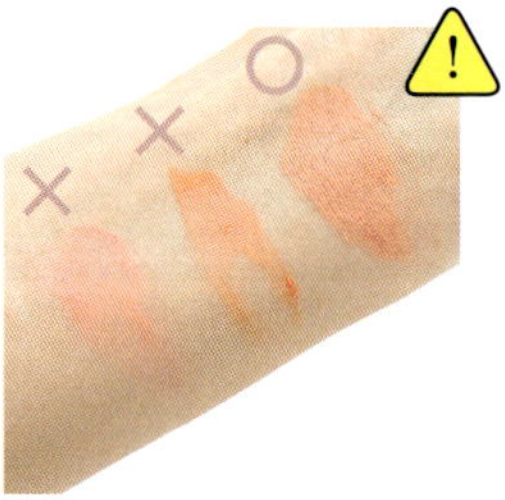

適度な濃さのものを選ぶ

仕込みのチークだからこそ、適切なテクスチャーを選んで。腕にこすりつけてみて、透けてしまうタイプはスポンジでのせられないので、長井メイクでは残念ながら使いません。

使用ITEM

アイテムの詳細は P.48

1

エリアガイド

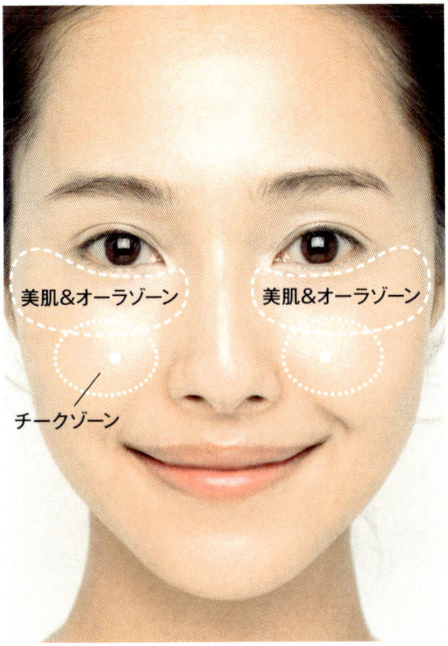

美肌ゾーンの下をかする場所に

仕込みチークのエリアを確認。美肌ゾーンはキレイなまま残したいので、できるだけ触れないように。美肌ゾーンに少しかかる高さで、笑ったときに盛り上がる頬の中央がベスト。

スポンジでオン。直づけ禁止!!

Ⓐファンデに使ったスポンジのジュワジュワした部分を使用。クリームチークをいったん手の甲に取って、量を調整する。Ⓑファンデとチークが混ざった状態でOK。これを頬にオン。

アプリコットカラー以外は高く狭く

青みピンクを使いたいときは、美肌ゾーンにもう少しかかる高さで。色として難易度が高いのですが、高く狭く置けば失敗しません。

2

ファンデと同じくスタンプ塗りで

スポンジでこすらずにポンポンと優しく**印籠持ち**でスタンプ塗りをしてなじませます。小鼻横のやや上に置いた場所はきっちりキープ。細かくタッピングしてなじませ、小さめの楕円形のままで。

3

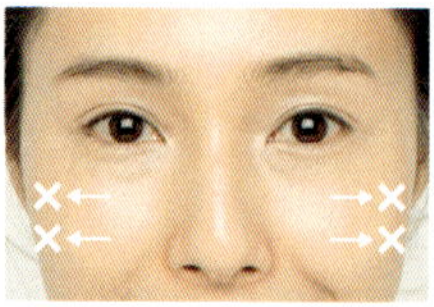

外側に広げない

上からのせるパウダーチークの土台になるのが仕込みチーク。目尻より内側に収めて。外側に広げると大顔に見えてしまうことも。

チークもムラ消しの**オーラ**づくりを

美肌ゾーンの下に**オーラ**をつくったときと同様に、スポンジの上下を返して持ち、チークの周辺を軽くなじませて。上側は美肌ゾーンにかかるので触らず、下側のみを整えます。

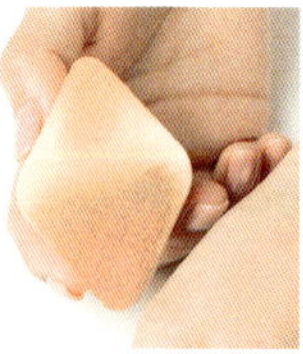

終わった後の
スポンジはこんな感じ

仕込みチークが完成！

+1 テク

適度な血色感が大切

仕込みチークは〝色盛り〟具合が重要。薄いと時間経過による色落ちの原因になるし、濃すぎるとパウダーチークに影響が。下の写真を参考に、適度な盛り具合を探ってください。

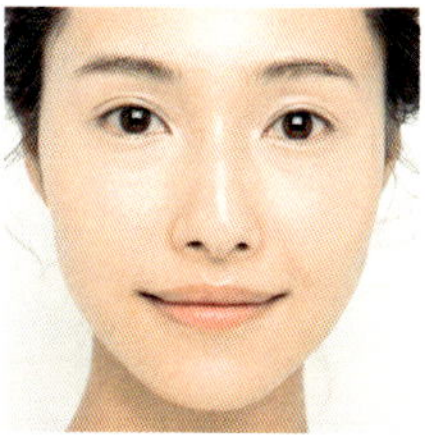

×
薄すぎ！

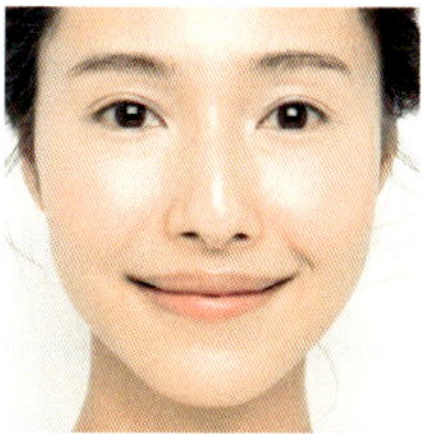

○
OK!

×
濃すぎ！

リキッドファンデーション

Liquid Foundation

シャバシャバ系やムースタイプ、揮発するオイルタイプなどのファンデーションは、残念ながら美肌ゾーンづくりには向きません。クリーミィでみずみずしいテクスチャーのリキッドタイプがベストです。

まるで乳液のような使い心地で、格上げされた素肌感が手に入る。17色のバリエも◎。ザ ファンデーション SPF12・PA＋＋ 全17色 30mℓ ￥4000／アディクション ビューティ

モデル使用

スチームを浴びたような高保湿肌が叶うリキッドファンデ。自然なカバー力も◎。スティーミング スキン SPF23・PA＋＋ 全７色 30mℓ ￥6000／エレガンス コスメティックス

美容液成分を極限まで含ませたミネラルパウダーでつくったファンデ。肌色と一体化。ミネラルリキッドリーファンデーション SPF22・PA＋＋ 全４色 ￥6500（セット価格）／MiMC

美容液成分がたっぷり入ってなめらかな質感を演出しながら、仕上がりは極上セミマット。P.C. ファンデーション SPF15・PA＋＋ 全５色 30mℓ ￥10000／ヘレナ ルビンスタイン

コンシーラー

Concealer

ピンポイントでトラブルを隠すためのコンシーラーは綿棒の先を使うときにきちんとフィックスできるタイプを。クリーミィながら、ある程度の硬さがあるものを選ぶのが正解です。パレットやスティックなら間違いナシ。

モデル使用

お手頃プライスなのにニキビ跡やシミに密着＆完璧にカバー。適度な粘度で使いやすい。ケイト スティックコンシーラーA 全2色 ￥800（編集部調べ）／カネボウ化粧品

どんな色ムラや素肌ともきっちりと同化して見えるのは、絶妙な〝赤み〟が入った色設計だから。クリエイティブコンシーラー EX SPF25・PA+++ ￥3500／イプサ

厚ぼったくならず、パサつきもない秀逸なコンシーラー。時間が経ってもみずみずしい。ブライトアップ ファンデーション SPF33・PA+++ 全4色 ￥3500／カバーマーク

クリームチーク
Cream Cheek

仕込みに使用するクリームチークはこっくりと厚みがあり、上からパウダーをのせてもきちんと発色するタイプがオススメ。ジェルやティント系のテクスチャーは仕込みには向かないので、しっかり質感をチェックして。

ロングキープ処方で落ちにくく、なめらかな塗り心地。温もり感のあるコーラルは優しい華やかさを演出。チークスティック 02 ￥600／セザンヌ化粧品

モデル使用

美容液成分をミネラルパウダーに溶かし込んでつくったミネラルチーク。高揚感のある頬に仕上がるコーラルはフレッシュな発色。ミネラルクリーミーチーク 07 ￥3300／MiMC

チーク＆リップに使えるアイテムは染まったような血色感が魅力。肌色になじむコーラルピンク。ヴィセ リシェ リップ＆チーク クリーム PK-7 ￥1000（編集部調べ）／コーセー

どんなファンデとも好相性。すっぴん風の血色感が誕生するアプリコットオレンジ。キャンメイク クリームチーク 05 スウィートアプリコット ￥580／井田ラボラトリーズ

スポンジ

Make-up Sponge

厚みがあり、リキッドファンデーションを絶妙に吸いながら均一に広げることのできるふわふわな素材がベスト。薄くて固いタイプだと、美肌ゾーンに厚盛りしたファンデをうまくなじませることができないので注意を。

モデル使用

23㎜という厚さが高いクッション性を発揮して、リキッドファンデを適切な厚みでなじませることが可能。バリュー スポンジ ダイヤ型タイプ 6P ￥380／ロージーローザ

台形だから持ちやすく、6面を無駄なく使える設計。モチモチした感触はどんなリキッドファンデとも相性よし。カットして使っても。台形スポンジ 6P ￥380／ロージーローザ

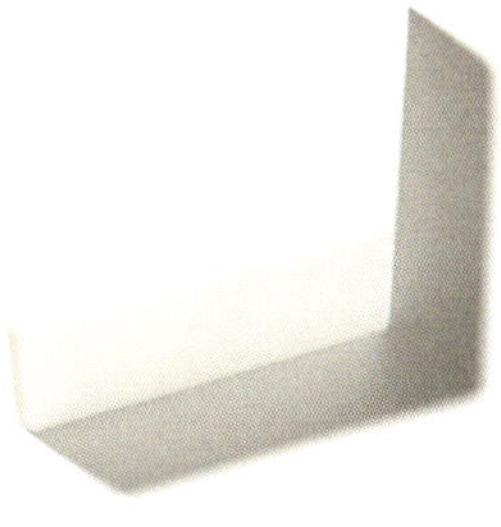

使いやすいダイヤシェイプで細かい部分にも対応。ソフトな感触で使いやすい。スーパープロフェッショナル メークアップ スポンジ（4個入り）￥1200／エスティ ローダー

フェイスパウダーの のせ方

「塩※パウダー」「砂糖※パウダー」。特性が違うからこそ、2種類を使い分けて完璧肌に

なぜ長井メイクではパウダーを2種類使うのか――。それは、フェイスパウダーには働きが異なるものが2種類あり、それらをきちんと使い分けたいからです。今は「フェイスパウダー不要！」というリキッドファンデも多数ありますが、フェイスパウダーを纏った肌の美しさと完成度の高さ、化粧持ちを考えるなら、やはりマスト。私は崩れを防ぐルーセントパウダーを〝塩パウダー〟、潤いとツヤを与えるミネラルパウダーを〝砂糖パウダー〟と呼んでいます。メイクは料理と通じるものがありますが、肌づくりの仕上げもまさにそう。塩と砂糖を使いこなしましょう。

【 塩 】…… 皮脂を抑えるために使用するルーセントパウダー。しっかりフィックスさせたいので、付属のパフを折りまげて使って。

【 砂糖 】…… 肌にツヤを生まれさせるミネラルパウダー。ブラシづけがオススメ。

2種類の使い分けで 崩れない ツヤ肌をつくる

塩or砂糖パウダーエリアガイド

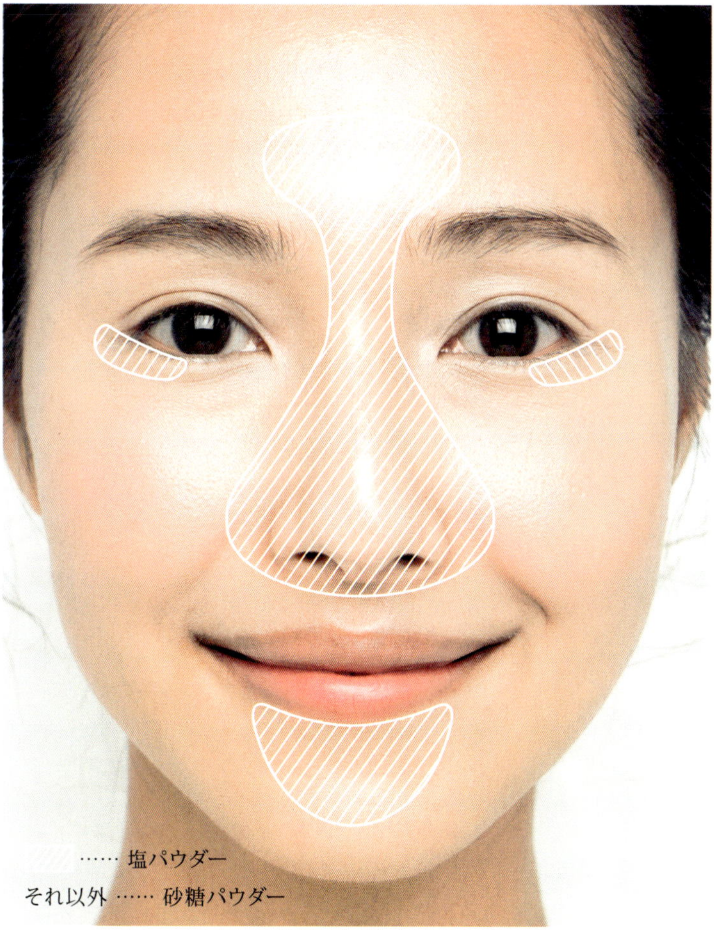

塩パウダーは皮脂が多く出るおでこや鼻筋のTゾーンや小鼻横、もしくは絶対に崩れさせたくないエリアに。砂糖パウダーは潤いとツヤをキープしたいエリアにのせます。単純ですが、これを使い分けることでメイクの腕が確実に上がります。

使用ITEM

塩パウダーののせ方

（ルーセントパウダー）

アイテムの詳細は
P.58

1

テカる部分にのせるのが塩

塩パウダーはおでこ、鼻筋、小鼻横など皮脂が多く出る場所にオン。51ページの塩エリアガイドを参考にのせて。重要なのは〝圧〟をかけること。パフの端を使って細かく攻めましょう。

パフの準備

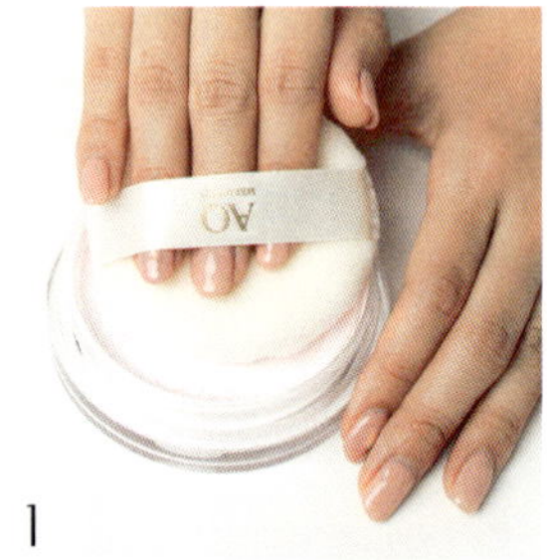

1

パフでパウダーを取る

2

パフにパウダーをしっかりもみ込む

ムラづきを防ぐために、パフの中にきちんとパウダーを含ませることが重要。慣れるまではさらに気持ち多めに取るように。パフ全体をモミモミしながら含ませて。

事件

もみ込んでます詐欺

パウダーをパフにしっかりとふくませるために、パフを持ちかえたりして、あらゆる方向からもみこんで。

+1 テク

アイメイクをがっつりしない人や目元が乾燥する人は塩＋砂糖のブレンドで

塩パウダーには皮脂を吸着する性質があるので、塩のみだと乾燥を助長させることが。防波堤に使う粉を塩だけでなく砂糖と混ぜることで、乾燥を防ぎつつ色移りも避けられます。

2

目の下に**防波堤**※をつくる

アイライナーやマスカラの色移りを防ぐために、下まぶたのキワには粉を仕込んで。小さめのブラシに塩パウダーをつけて、粉を軽く〝置く〟ようにのせる。

3

最後に指でササッとならす

防波堤にした塩パウダーは、きちんと指の腹で**フチならし**※を。力を入れずに指の腹をワイパーのように左右にササッと動かして、つけたての**防波堤**を軽くならして肌となじませます。

【 防波堤 】…… いわゆる〝パンダ目〟を防ぐためにパウダーを下まぶたに置くこと。

【 フチならし 】…… 塗りっぱなしにせず、最後に指で〝フチをならす〟と仕上がりに差が出る。

使用ITEM

砂糖パウダーののせ方
（ミネラルパウダー）

アイテムの詳細は
P.59

ブラシの準備

1

蓋《ふた》にパウダーを出す

砂糖パウダーはブラシでのせるため、ブラシに含ませる量のパウダーを蓋に出す。

2

ブラシにパウダーを含ませる

ブラシをグリグリと蓋に押しつけながら、パウダーを含ませて。奥までしっかり入れます。

3

余分なパウダーを払い落とす

持ち手のブラシに近い部分を蓋のフチでコンコンと叩き、余分なパウダーを払い落として。

4

パウダーを中に入れ込む

最後はブラシを上に向けて、持ち手の尻をコンコンと打ちつけ、パウダーを中に入れ込みます。

Q. どのくらいが適量なの？

A. 想像しているよりも多めでOKです。でも、余分なパウダーを払い落とす作業は絶対に省かないで。最終的に自分で〝適量〟を見つけるために、何度もトライ＆エラーを繰り返せば適量がわかるようになるはずです。

1 まぶす

美肌ゾーンに最初にオン

美肌ゾーンはできるだけ崩れさせたくないので、とにかく細かく優しくオン。肌に対してブラシを垂直に当て、スタンプを押すようなイメージで。これでファンデがフィックスします。

2 まぶす

ほかのエリアにもツヤと潤いを

美肌ゾーンへの砂糖まぶしが終わったら、ほかのエリアにもパウダーをまぶして。これも肌に対して垂直にブラシを当て、ポンポンとスタンプを押すようなイメージで。

3 掃き出す

余分なパウダーは優しいレ点キック※

レの字を書くようにブラシを〝キック〟させて余分なパウダーを毛穴から掃き出します。ブラシを垂直に当てたら、手首をキュッと返すイメージ。美肌ゾーンには絶対やらないで！

美肌ゾーンはノータッチと心得て

美肌ゾーンは〝盛り〟があってこそ美しいので、レ点キックは避けて。絶対触らずに。

4 磨く

磨くことで砂糖パウダーにツヤが！

このプロセスでも美肌ゾーンには触りませんが、ほかのエリアはブラシをクルクルと回すことで、肌を磨いてツヤ出しを。これもブラシを垂直に当て、押しつけすぎないように。

※【 レ点キック 】…… 砂糖パウダーをまぶした後、肌表面に残った余分な粉を掃き出すこと。

塩・砂糖パウダーが完成！

5 首磨き

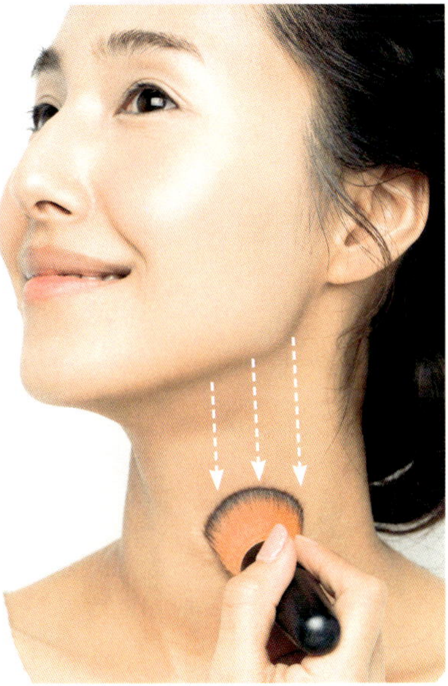

首も磨いて、ミネラルのツヤ感を

顔と首とが別物に見えてしまうのはNGです。ブラシに残ったパウダーを首までのばし、顔としっかり繋げて。フェイスラインから下方向へ、サッとすべらせてツヤをプラス。

+1 テク 季節によってパウダーを使い分けても!

塩と砂糖の使い分けは肌質や季節によって自在に変えても混ぜても大丈夫。皮脂が出やすい、逆に乾燥が激しいなどそのときの肌状態にあわせて！

塩パウダー

Lucent Powder

いわゆるルーセントパウダーと呼ばれるもので、パッと見には白やピンクの色がついていても、肌になじませると無色透明になるもの。指でつまんでこすり合わせたときに、粒子がムラなく溶け込むものをセレクトして。

防波堤用ブラシ

モデル使用

平筆でコシのあるブラシはパウダーをしっかりと密着させてのせられるタイプ。コンシーラーやアイシャドウ用としても◎。ディテール シェイダー ブラシ ￥2800／ベアミネラル

肌悩みをピンポイントで狙えるサイズ。粉含みがいいのでコンシーラーやハイライトをのせる以外にも使いやすい。オンリーミネラル コンシーラー＆ハイライトブラシ ￥2400／ヤーマン

モデル使用

まるでスキンケアを贅沢に行ったかのような柔肌な仕上がりに。キメ細かいパウダーは極上の触り心地。AQ ミリオリティ フェイスパウダー 30g ￥20000（パフ1個付）／コスメデコルテ

海がもたらす癒やしの力、ミラクル ブロス™が配合されたパウダーは粉雪のように軽く、ふんわり。肌に密着して透明感と輝きを演出。ザ・パウダー ￥10000／ドゥ・ラ・メール

パールは無配合。パウダー自身のなめらかな質感でツヤを演出。肌トーンを明るく整えるピュアホワイトパウダー配合。ナチュラル カバーリング ルース パウダー 17g ￥6000／SUQQU

砂糖パウダー

Mineral Powder

天然鉱物のミネラルを主成分とする、一般的にミネラルパウダーと呼ばれるもの。砂糖パウダーの意味合いは仕上げに〝潤いヴェール〟をかけること。自分の肌色に近いものを選べば大丈夫です。

砂糖用ブラシ

モデル使用

高級タクロン素材採用で、石けんで簡単に洗浄可能。垂直にカットされた面が肌にフラットに当たるので、パウダーがしっかりと密着。フラットトップブラシ ￥2000／エトヴォス

斜めにカットされた断面が肌にピタッとフィット。ブラシの角度を変えやすく、細部にまできちんとパウダーをのせられる。プレシジョン フェイス ブラシ ￥3500／ベアミネラル

モデル使用

一般的なものと比べて精製度の高いマイカを使用。くすみにくい仕上がりに定評あり。つけ心地も軽い。ディアミネラルファンデーション SPF25・PA++ 全5色 5.5g ￥3000／エトヴォス

5種類以下のミネラル成分のみを配合。パウダーなのにクリーミィで、しっとりと肌にフィットする。オリジナル ファンデーション SPF15・PA++ 全12色 8g ￥3800／ベアミネラル

つけたまま眠れるほど肌に優しいパウダーは、ミネラル100%。洗顔料のみでオフが可能。オンリーミネラル ファンデーション SPF17・PA++ 全18色 7g ￥3800／ヤーマン

STAGE 3

EYE MAKE-UP

アイシャドウ ≪ アイラッシュカーラー ≪ アイライン ≪ マスカラ ≪ アイブロウ

新しい私が輝き出す。これこそ究極のアイメイク理論

「まぶたにはブラウンのアイシャドウで彫りを」「目を大きく見せるのはマスカラではなく、目の形に合わせてベストな位置から上げたまつ毛」「主役は目元であり、眉は添え物。眉への執着を捨てる」などなど。今まで皆さんが考えていたメイクとまったく違うかもしれませんが、これらのテクニックが自分史上最高の目元をつくるんです。ぜひ信じてトライしてみてください。

仕上がりに
差が出る

アイメイク絶対！心得

メイクのハウツーを紹介する前に、覚えておきたい
４つの心得を伝授。テクニックに自信がなくても、
これらを守れば仕上がりに格段の差が出ます。

絶対！左右同時

片方へのこだわりを捨てるため左右同時進行で

アイメイクを片方ずつ仕上げてませんか？両目がまったく同じ形の人はいません。片方ずつ仕上げると先にやった方の仕上がりに執着してしまうので、合わせていくのが大変です。だからこそ、左右を同時進行。バランスを取りやすく、無理なく左右対称に仕上げることができます。

鏡は近づけすぎず両目が入る距離で

左右同時にアイメイクを進めたいからこそ、鏡の位置が重要です。メイクはとかく「木を見て森を見ず」になりがち。アイラインが、マスカラが……と狭いエリアだけにこだわりすぎると自分にOKが出せなくなります。引いて、顔全体を見て、バランスを確かめること——。メイクは全体の印象勝負です。

絶対！引いて

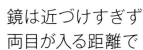

絶対！ワンバン

色物は手の甲で必ず
ワンバン※してからのせる

色物、つまりカラーアイテムをのせるときは必ず手の甲で「ワンバウンド」を。直接、顔の上にのせると、プロでも間違いなく失敗します。メイクはのせた後に〝引く〟ことができません。しかし重ねて濃くしていくことは可能です。まずは手の甲で色調整をするクセをつけましょう。

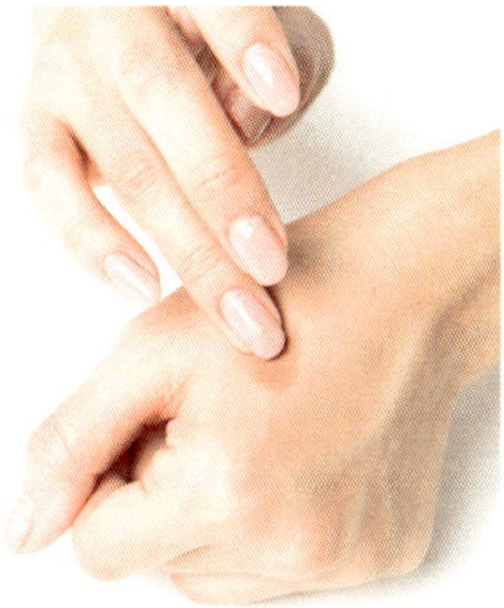

絶対！開いて

のせて、開いて、チェック

メイク本にはよく「アイホールまで」や「上まぶた全体に」というハウツーが載っています。でも、目はひとりひとり形が違うので、本来はその人なりののせ方があるはずです。色をのせたら目を開いて確認。それを繰り返して塩梅を見ます。目を閉じたときではなく、開いたときの見え方を大事にしてください。

※【ワンバン】…… メイクの色物をのせる前には必ず手の甲で1回バウンドさせること。

アイシャドウの塗り方

彫る。彫る。彫る。
その目的は、奥行きを出すこと

アイシャドウを塗るときのキーワードは「彫る」。まぶたにブラウンで徹底的に彫りをつくります。何ミリとかの問題ではなく、目を開いたときにどう見えるか、その感覚を大事にしましょう。そのためにはまずオフホワイトを使ってまぶたの敷地全体を整える、というひと手間も重要です。でも、言い換えるならば、オフホワイトとブラウンさえあれば、自分史上最高に美人に見えるアイシャドウメイクが手に入るということ。練習を重ねただけ、必ずうまくなります。

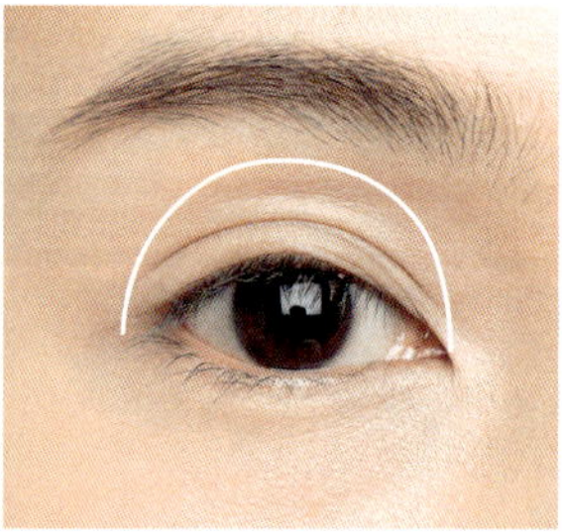

アイホールは骨のくぼみのこと

アイホールの位置を正しく把握しておくと、メイクの説明が理解しやすくなります。アイホールは眼球が入っている骨のくぼみを指します。

使用ITEM

アイテムの詳細は P.72

オフホワイトで上下のまぶたを埋める

くすみ・色ムラが飛ぶ

1

アイホール越えで眉下までオン

オフホワイトのアイシャドウを薬指の腹に取ったら、ワイパーをかけるようにアイホールを越えて眉下までオン。きちんと塗ったほうが後々彫りやすくなります。

2

下まぶたにはチップで**ペチ置き**※

ハリ効果のある涙袋は絶対誰にでもあり、埋もれさせたままではもったいない。チップにオフホワイトを取り、ペチペチと色を置くようにのせて、掘り起こしておきます。

+1 テク

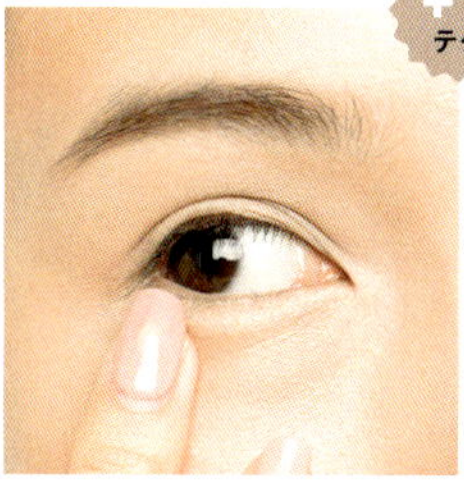

指先でキレイに**フチならし**

涙袋の下側は指先でサッとならして。このひと手間で仕上がりの自然さがランクアップ！

【 ペチ置き 】…… チップの片面全体にアイシャドウを取り、ペチペチと置くように色をのせていく手法。

二重　奥二重　一重

目形別ブラウンでの彫り方

「何ミリ塗る」かが目的ではなく、
「目を開けたときに彫れているか」をチェック
つけるときは、**〝ワンバン〟**も忘れずに。

奥二重

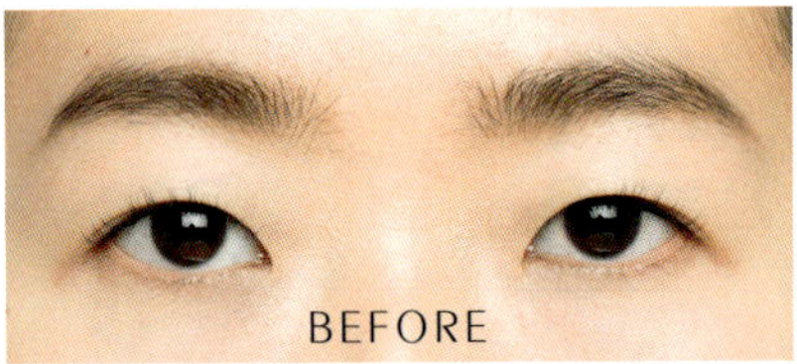

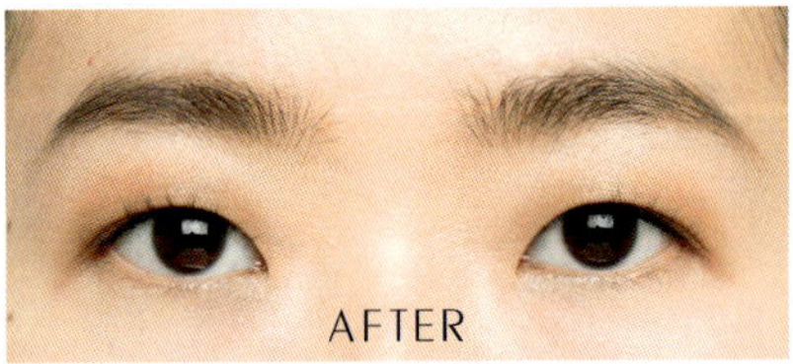

目を閉じると……

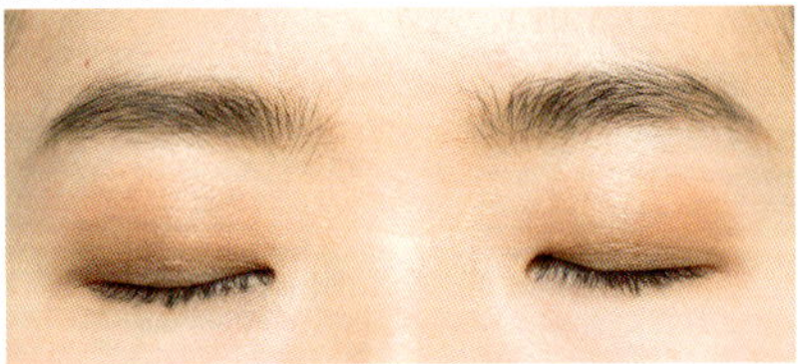

奥二重さんは目のキワが奥に引き込まれてしまうので、広めに彫りをつくったほうがいい場合が多数。何度もバランスを確認して。

一重

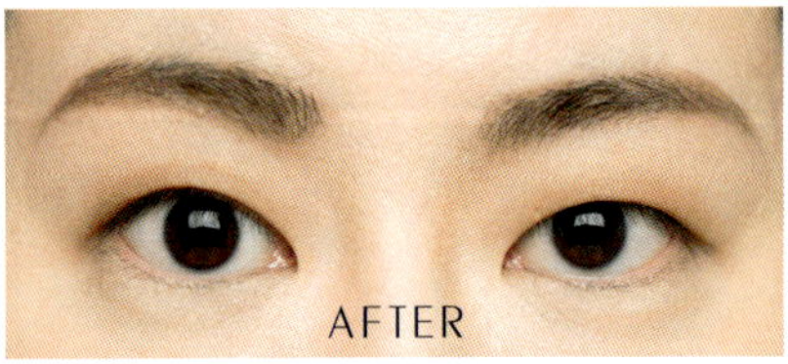

目を閉じると……

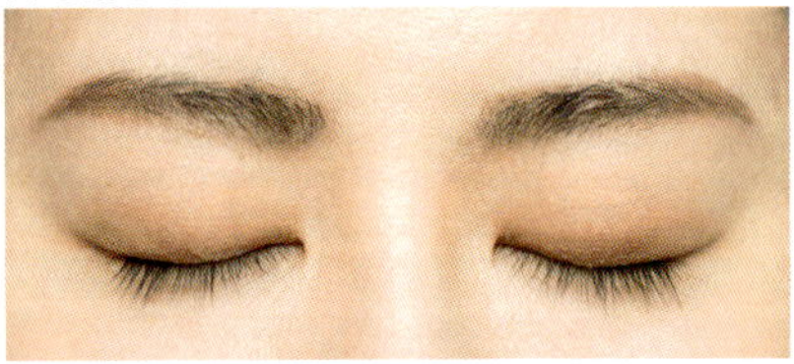

一重さんは彫りの幅をあまりつくらなくても大丈夫なケースが多いです。少し彫れば、目を開けたときにすぐに色みが感じられるはず。

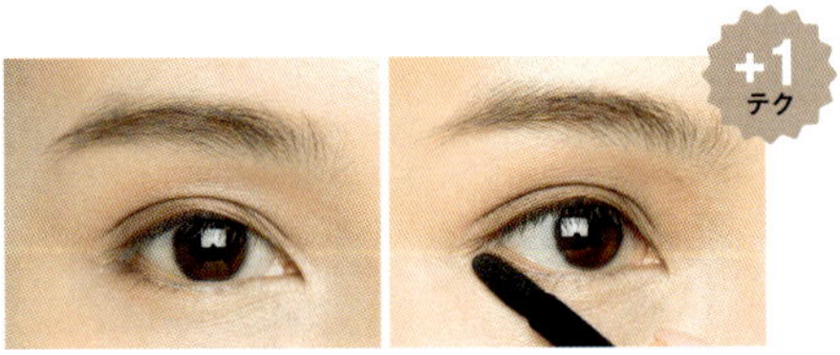

より目ヂカラが欲しいなら、下まぶたをチップで彫る！

細チップ１幅分を下まぶたの目尻側にオン。このサイズを基本として、あとは自分の目形に合わせて、もう少し黒目側まで攻める、半分くらいの長さにするなど、細かく調整を。

アイシャドウで彫りが完成！

二重

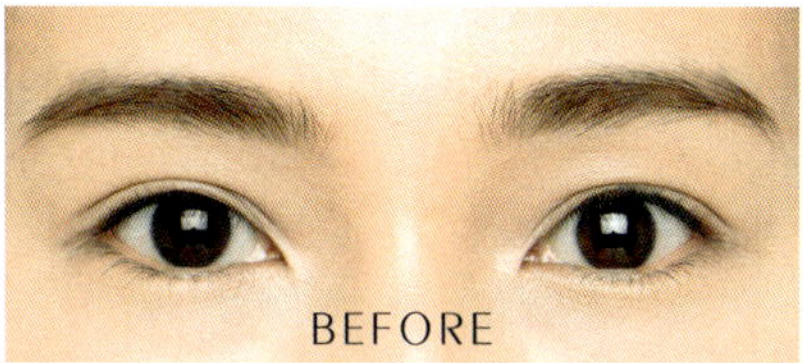

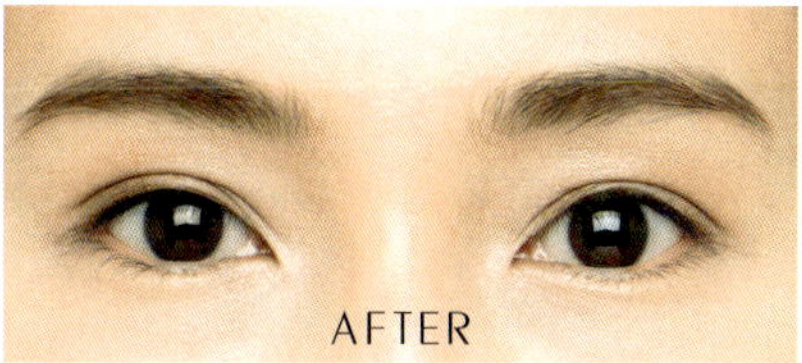

目を閉じると……

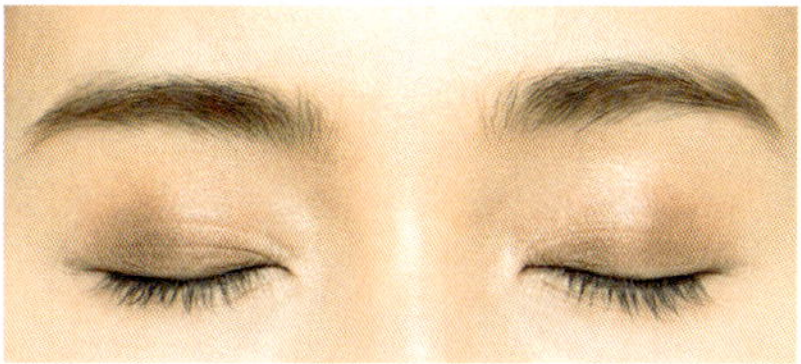

二重さんは目を開けたときに二重幅より上にブラウンが見えていれば、彫りバランスとしてOK。アイホールくらいを狙って彫って。

アイラッシュカーラーのかけ方

目を大きく見せるには ここから気合を入れて。 アイラッシュカーラーが命！

目を大きく見せたいなら（もちろん、皆さんそうだと思います）、まつ毛をアイラッシュカーラーで上げるステップにこだわってください。なぜなら、このステップでしか目を大きく見せることができないからです。アイラッシュカーラーを使って、とことんまつ毛を上向きに整えます。しかし、全員が根元から上げる必要はありません。自分の目形に合わせた上げ方を知ることのほうが大切。このテクニックをマスターすると、まつ毛メイクが楽しくなるはず。練習必須です！

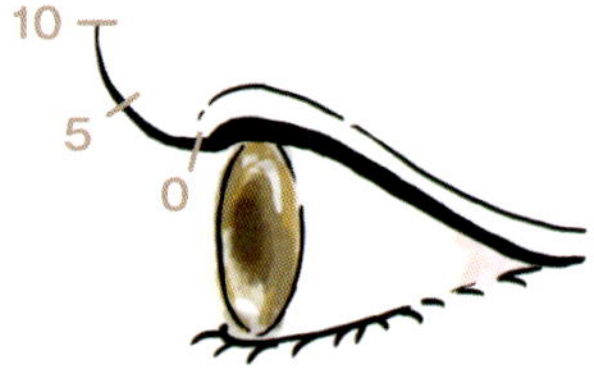

まつ毛の根元から毛先まで、山のように0合目～10合目という呼び方をしています。全員が0合目から上げなくても大丈夫。例えば上まぶたが重くかぶっている人が0合目から頑張って上げても、まぶたの重みで下がってしまいます。目形によって力の入れどころは変わるので、まずは自分の形を確認しましょう。

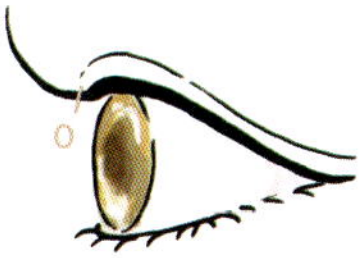

まつ毛の0合目あたり
を狙います。ここから
スタート！

使用 ITEM

アイテムの詳細は
P.73

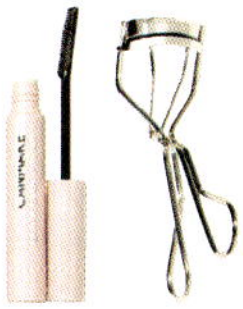

1

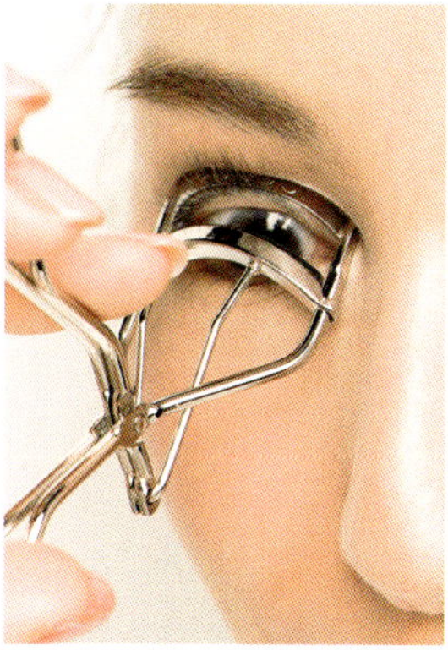

まぶたに押し当てる

上まぶたをめくるように、眼球に向かって、アイラッシュカーラーをグッと差し込みます。

2

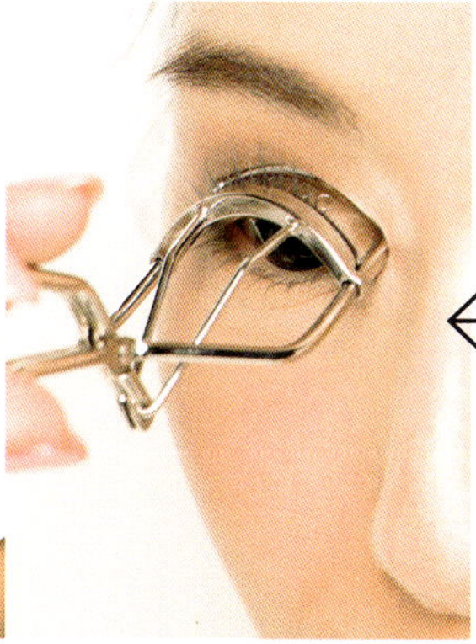

生え際が見えたらギュッと根元近くを挟む

まつ毛の生え際が見えたらOK。根元から、まつ毛をやさしく挟んで上げて。挟む位置とワキの開きには関係が。まつ毛の根元近くのときは、ワキは写真ぐらいの開きで。

ワキを閉じたままではダメ！

まつ毛が思うように上がらないのはワキを閉じたままだから。ワキを開き、手首をきちんと返すことが必須です。

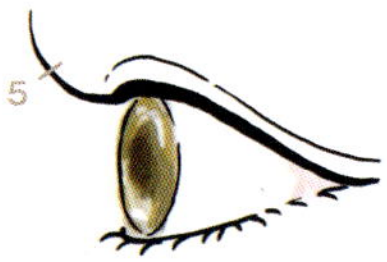

このときはまつ毛の5合目あたりを。手首を返しながら挟んで。

3

徐々に毛先に移動

徐々にワキを開き、手首を返しながら、次はまつ毛の半ばあたりを狙ってギュッと挟む！

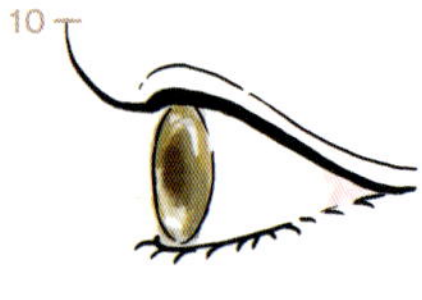

まつ毛の10合目まできちんと上げます。手を抜かないで！

4

まつ毛の長さによって
挟む回数は変わる

秘技！ ワキ上げ手首返し※

まつ毛の一番先を挟むときは大きくワキを開いて。手首もしっかり返してフィニッシュ。

5

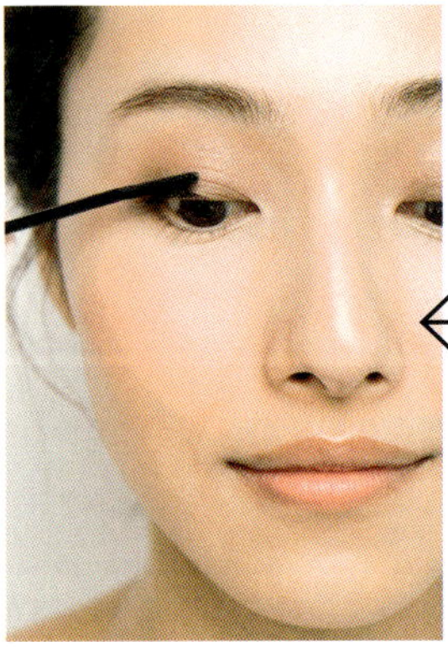

すぐにマスカラ下地を

まつ毛が上がった状態ですぐ下地を塗ることで、カールの形を逃さずキープ。薄く全体に。

+1 テク その人の目形によって、まつ毛の上げポイントは違う

一重

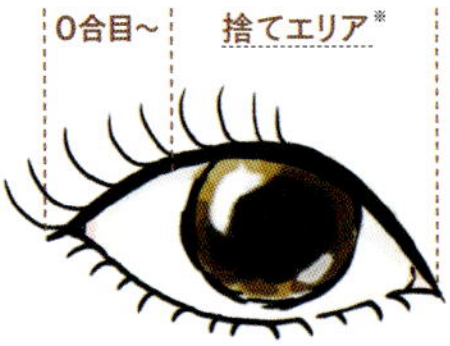

奥二重

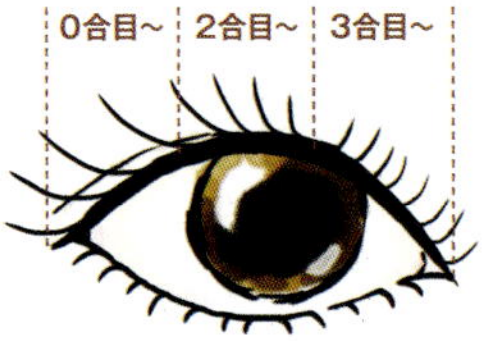

一重の人は目尻がポイントになるので目尻側1/3を0合目から、奥二重の人は引き込まれがちな目頭と中間は根元にこだわらずそれぞれ3合目、2合目あたりから、目尻は0合目からきっちり上げると美カールに見えます。

6

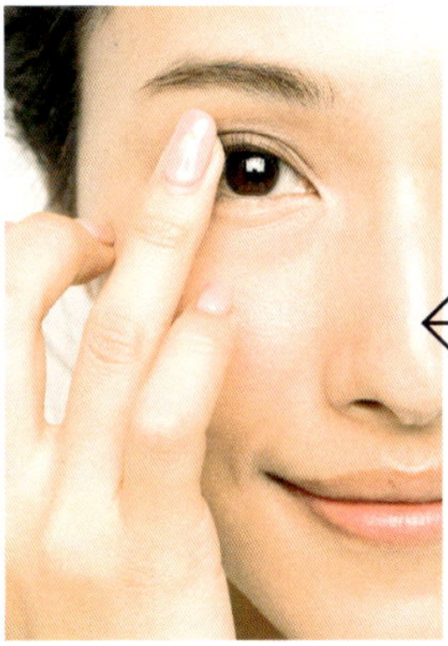

指の腹で軽くなじませる

下地はつきすぎたままだとマスカラが〝ひじき〟状になるので、指の腹で軽くソソソでオフ。

上げ上げまつ毛が完成！

【 ワキ上げ手首返し 】…… まつ毛を最大限に上げるアイラッシュカーラー使用時の極意。

【 捨てエリア 】…… 〝あえて手をつけないエリア〟を「捨てエリア」と呼ぶ。捨てエリアを見極めることで、無駄な時間も労力も省け

アイシャドウパレット

Eye Shadow Palette

長井メイクでは彫りに使うブラウンアイシャドウと上下まぶたを明るくするオフホワイトのアイシャドウがセットで入ったパレットが便利。ブラウンが濃淡で入っていると、好みの彫り感に調整するのに役立ちます。

濡れたようなきらめきのブラウンを纏いたいなら、グリッターの利いたこのパレットを。ブラウンは肌なじみ抜群の色出し。デザイニング カラー アイズ 08 ￥6800／SUQQU

モデル使用

ミネラルでできた4色入りのパレット。石けんで簡単にオフできるから、肌への優しさを重視したい人に。ミネラルクラッシィシャドー ロイヤルブラウン ￥4000／エトヴォス

使いやすいブラウンが複数入っているので、彫りの濃さなどを自在に調整可能。ケイトブラウンシェードアイズN BR-2 ￥1200（編集部調べ）／カネボウ化粧品

瞳の色研究から生まれたブラウンは、肌に溶け込むようになじんで自然に瞳を拡大！ マキアージュ ドラマティックスタイリングアイズ BE303 ￥2800（編集部調べ）／資生堂

カールキープ剤

Curl Lush Fixer

マスカラの下地として使え、アイラッシュカーラーで上げたまつ毛のカールをきちんとキープしてくれるタイプをセレクト。ウォータープルーフなど、落ちにくいものがマスト。

モデル使用

水より軽い油性基材だから、まつ毛が重くなることなく長時間カールをキープ。キャンメイク クイックラッシュカーラー 透明タイプ ￥680／井田ラボラトリーズ

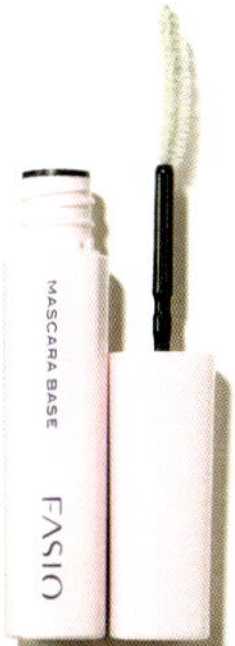

3種のファイバーを組み合わせてロング効果を実現。スーパーカールキープ成分がまつ毛をしっかりとホールド。ファシオ マスカラベース 02 ロング ￥1100／コーセーコスメニエンス

ウォータープルーフ処方で上向きカールをキープする透明マスカラ下地。すばやく乾くので、ゴワつかず、まつ毛への負担も少ない。カールラッシュ フィクサー ￥3000／エレガンス コスメティックス

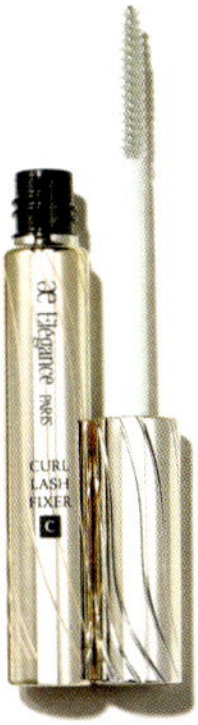

アイラッシュカーラー

Eyelash Curler

さまざまなブランドから発売されていますが、自分の目の形に合ったものを選ぶことが重要。可能であれば、カウンターなどでテスターを使ってみるのをオススメします。

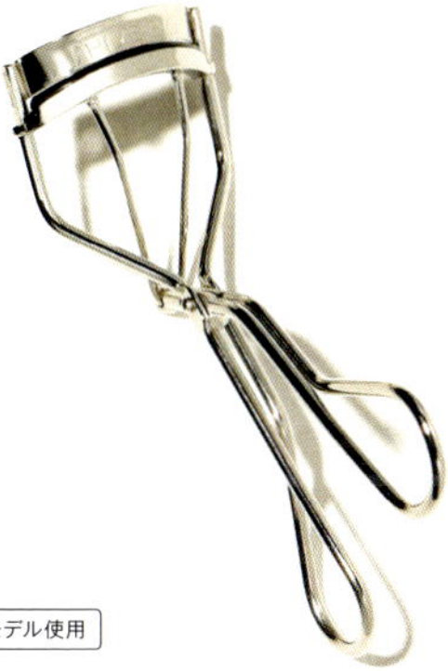

モデル使用

日本女性のまぶたの丸みや目の横幅を研究し設計されたフレームがまぶたのカーブにピタリと沿い、操作性は抜群。アイラッシュカーラー 213（替えゴム1コ付）￥800／資生堂

上まぶたのアイホールにググッと入り込む特殊なカーブで、根元からしっかりとまつ毛を挟んでカールアップ。アイラッシュ カーラー（替えゴム2本付）￥2000／SUQQU

アイラインの打ち方

〝描く〟のではなく〝打つ〟。目を大きく見せる作業が続きます

アイラインはまつ毛の生え際を狙うもの——。それは間違っていませんが、長井メイクでは〝描く〟のではなく〝打つ〟が正解です。しかも、まつ毛の上側からアプローチするのではなく、下側から。アイラインを正しい場所に打てるようになれば、目元の印象は確実に変わります。正しい場所に打つためには、先にまつ毛をきちんと上げておくことも大切なプロセスのひとつです。もうひとつ、「粘膜に入れるアイラインは目を小さく見せる」こともあることに気づいて。このタイミングで卒業しましょう！

+1テク いつもより0.5㎜長く出してみて

アイラインがうまく打てないという人は、芯をあと0.5㎜長く出してみて。これで根元にしっかり入り込みます。

使用ITEM

アイテムの詳細は P.82

2

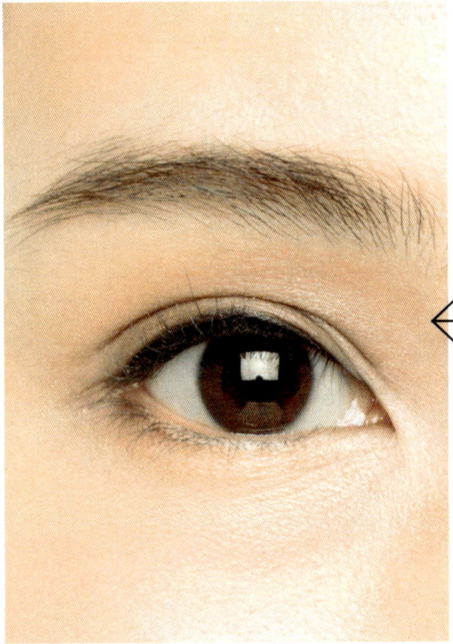

1

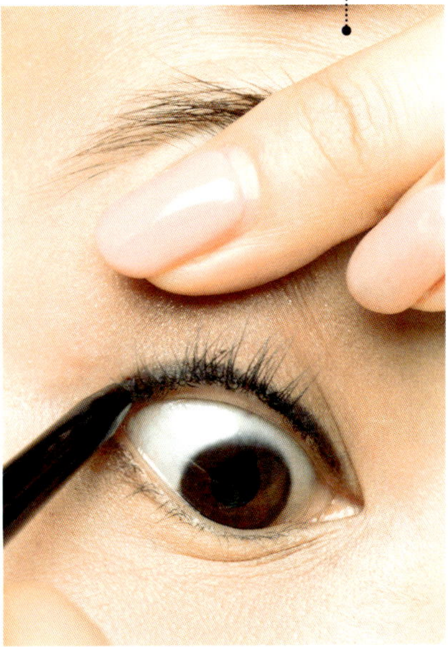

目を開けたときの正しいライン位置

まつ毛の隙間をきちんと埋めていれば、写真のような見え方になるはず。粘膜に入れてしまうと、パンダ目になりやすいので注意を。ラインがきちんと見えるのが正解です。

打つ場所はまつ毛とまつ毛の間！

まつ毛の根元、毛の間を〝打ちながら〟埋めていくのが正しいアイライン。毛と毛の間が空いている人は多少〝描く〟感じになるかも。反対側の手でまぶたを持ち上げて！

事件 ペンシルの先カチカチ事件

「うまく打てない」という人の中にはジェルアイライナーの芯先が乾いてカチカチになっていることが。ジェルは柔らかいからこそ打ちやすいんです。蓋はきっちりと閉めて！

Q. アイラインはどこから打ち始めるのが正解ですか？

A. どこからでも大丈夫です。

まつ毛が生えているところがすべて埋まればそれでOK。

ラインを打ったのに
隠れちゃう人、必見!

+1
テク

目を開けたときに見える位置まで少しずつラインを足して

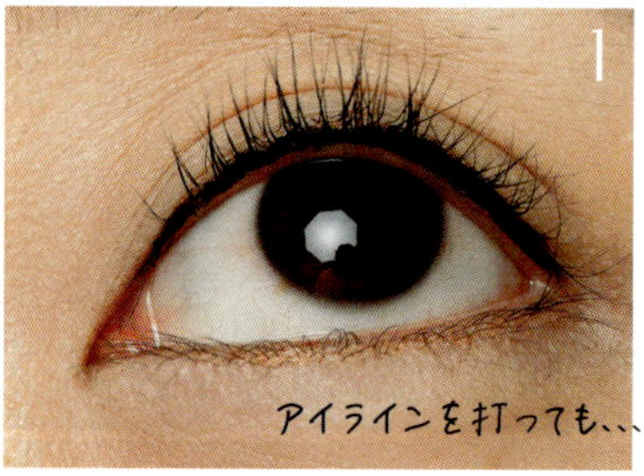

まつ毛とまつ毛の間がアイラインを打つ正しい位置。打ったラインは的確な位置にあるので、下から見たらキレイに入っている状態。

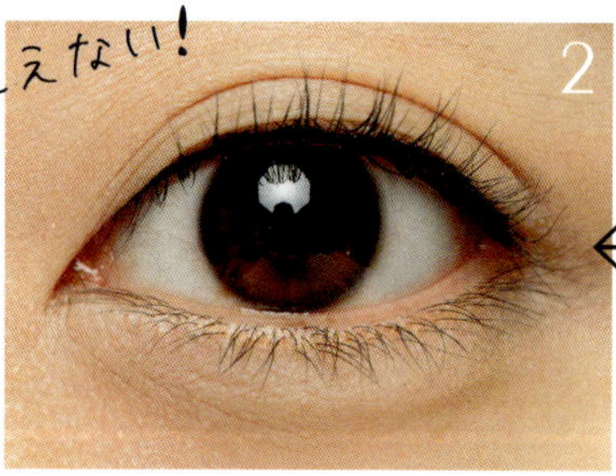

でも、目形によっては正面から見るとラインの効果が出ていない場合も。まぶたの皮膚がまつ毛の生え際にかかり、見えづらいのです。

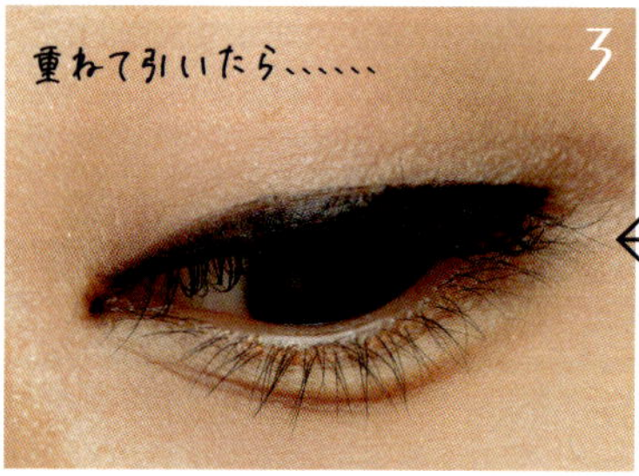

そんなときはもう1ライン、まぶた側に重ねて引いてみて。ラインは1回だけ打つもの、という固定観念は捨てて!

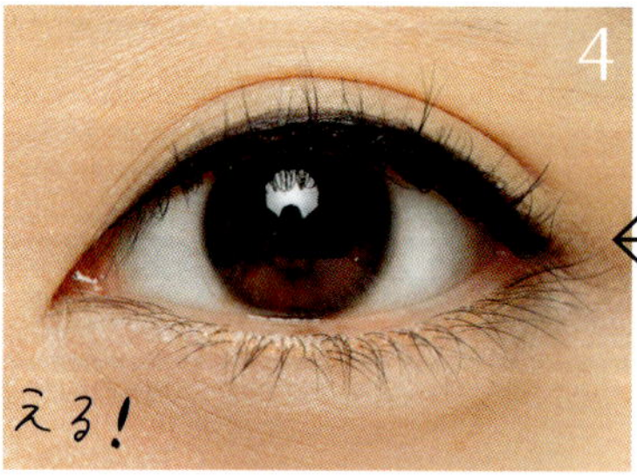

両方の目に行う必要はありません。鏡で両目のバランスを確かめて、必要なほうに必要なだけ重ねて、両方が同じ見え方になればOK!

アイラインが完成！

3

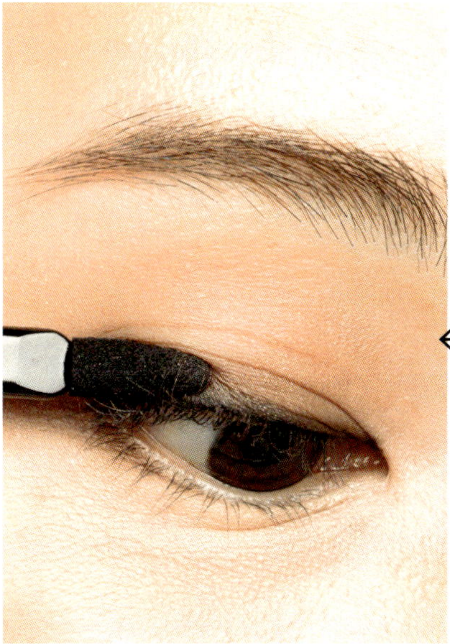

ガタガタはチップで整える

下から打ったアイラインはガタガタしていることも。細チップにブラウンのアイシャドウを取り、スーッとまつ毛の生え際をなぞって。ガタガタがキレイに整います。

二重　奥二重　一重

目形別 アイライン

アイラインは1本打って終了ではなく、
目形によって攻める場所を変えるのが正解

二重

二重の幅 広

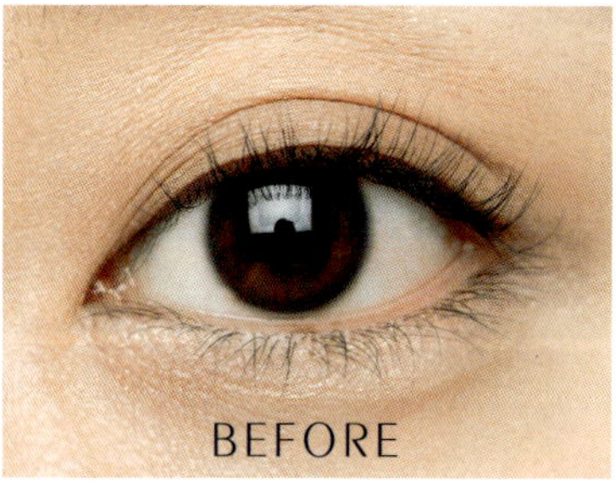

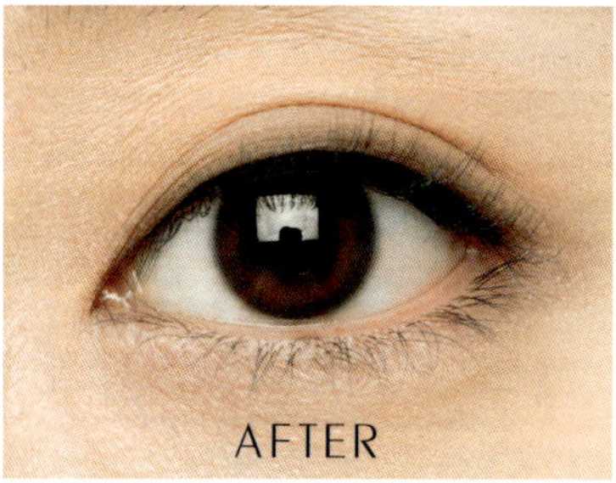

幅広二重は上にもう1本ラインを引くとちょうどいいバランスに。チップでぼかして。

二重の幅 狭

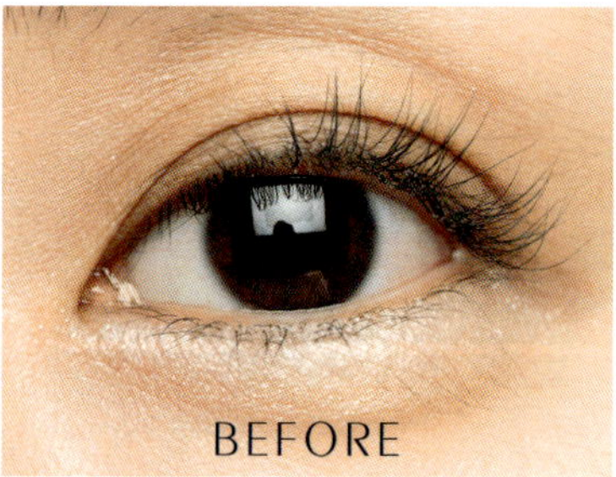

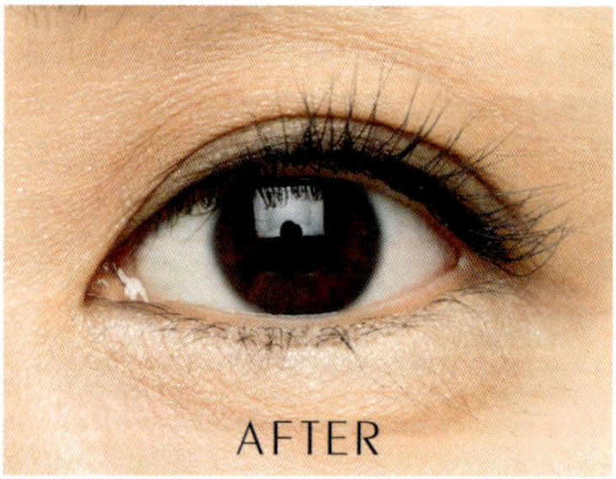

二重幅が狭い人は1ライン打ちでOK。まつ毛の生え際を丁寧にぼかせば自然な仕上がりに。

奥二重・一重は
目尻に力を入れたいので+2ステップ

一重

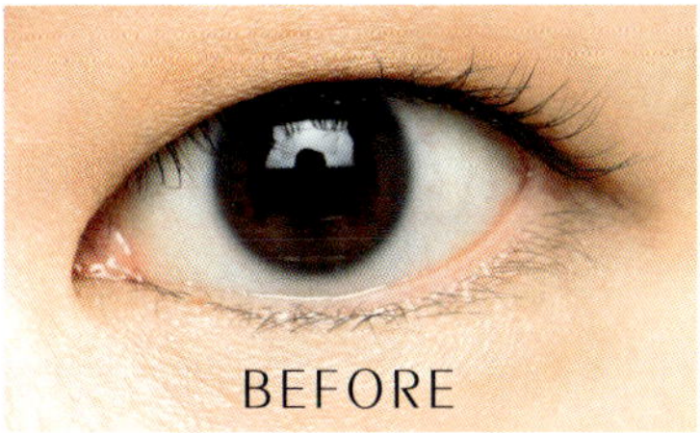

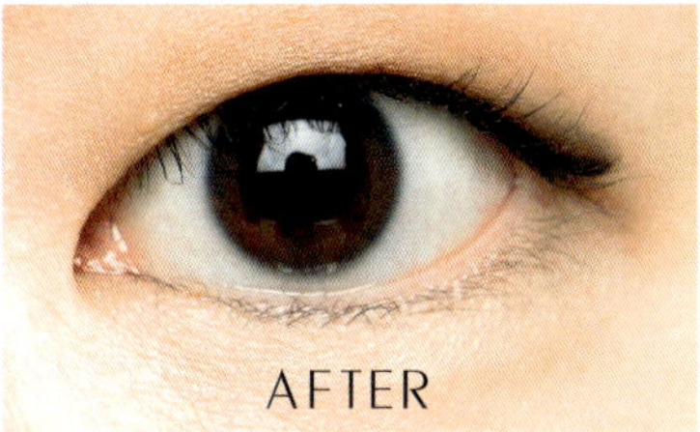

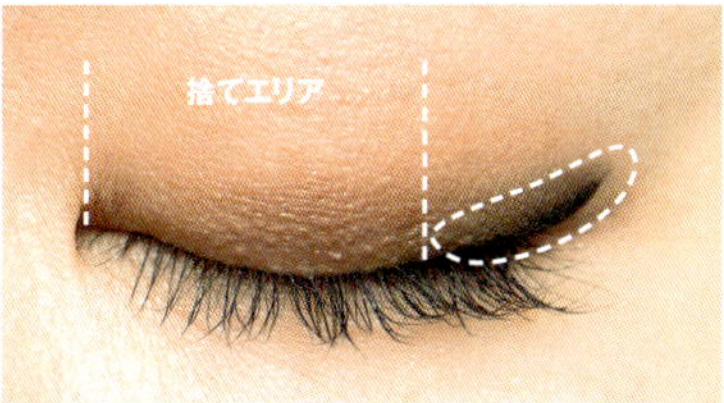

目頭側は捨てエリア。ラインを打つのは目尻1/3のみ。その後、細チップでラインをぼかす。さらに目尻1/3にリキッドラインを引く。

さらに1ステップで目尻に力が！

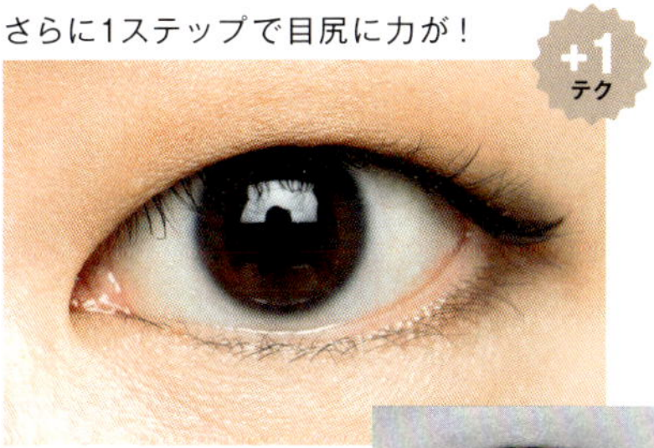

下まぶたの目尻1/3をブラウンのアイシャドウでぼかし、奥行きをつくる。

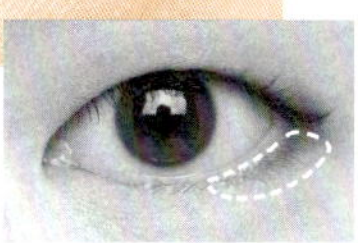

奥二重

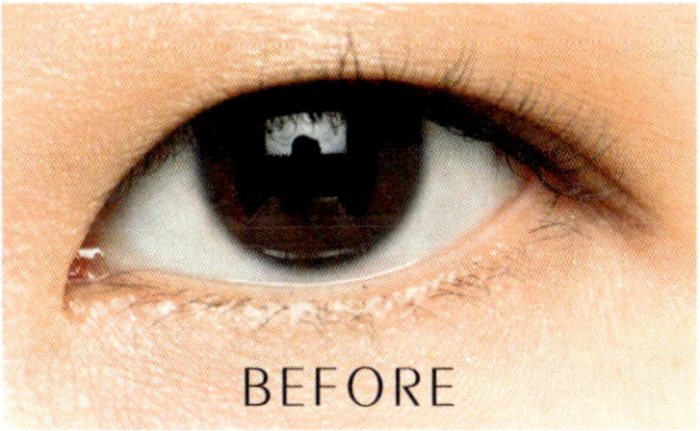

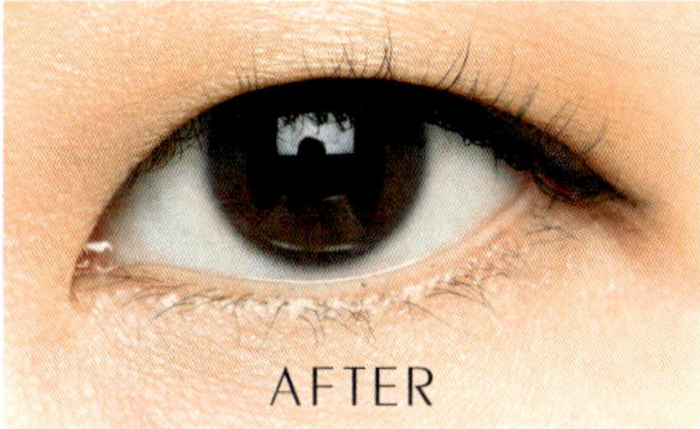

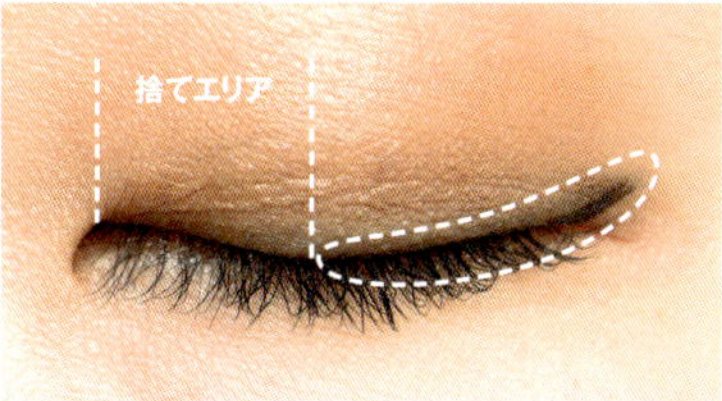

目頭側は捨てエリア。ラインを打つのは目尻2/3のみ。その後、細チップでラインをぼかす。さらに目尻1/3にリキッドラインを引く。

さらに1ステップで目尻に力が！

下まぶたの目尻2/3をブラウンのアイシャドウでぼかし、奥行きをつくる。

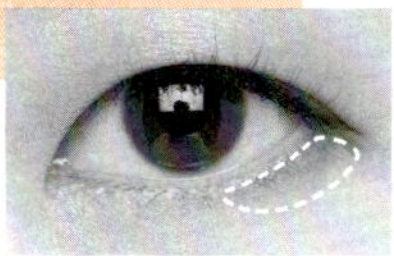

マスカラの塗り方

マスカラの前までの
プロセスですべては決まっている。
ここで気合を入れても無駄（涙）

マスカラが落ちてパンダ目になる――。メイクトレーニングのときに皆さんがトップ３のひとつに挙げる悩みといっても過言ではありません。しかし、まつ毛をしっかり上げ、マスカラ下地をきちんと塗り、余分な液は指の腹で落とし、しっかり乾かせば、マスカラをどんなに塗ってもパンダ目にはなりません（防波堤をきちんと仕込みましたね）。アイラッシュカーラーをかけるステップがきちんとできていれば、マスカラはまつ毛にサッと色をつけるだけで終了です。

マスカラが完成！

使用ITEM

アイテムの詳細は P.83

1

まつ毛の下側から塗るのが鉄則

マスカラはまつ毛の下側からオン。根元にグッと入れ込んだら、ブラシを左右にジグザグさせながら、毛先まで塗り上げて。目尻はマスカラを縦持ちしてブラシの先で塗ると◎。

+1 テク

マスカラは30度折り※でより使いやすく！

マスカラのブラシは容器のフチで30度に折り曲げて。隅々までグンと塗りやすく！

【30度折り】…… マスカラやアイブロウマスカラ、さらにはスクリューブラシの根元を30度に折って使うこと。

リキッドアイライナー
Liquid Eyeliner

リキッドタイプは目尻などのハネを描くのに使用。ペンシルタイプは描きやすさが最優先ですが、こちらは繊細で緻密なラインが引ける上質な筆のものをセレクトしましょう。

ソフトタッチの極細筆はコシがあり、ナチュラルラインもハネ上げも思いのまま。ファシオ パワフルステイ スリム リキッドライナー BK001 ￥1200／コーセーコスメニエンス

ハリとコシのある筆ペンタイプ。光の反射と色の深みを計算した濃密発色で、瞳をさらに美しく見せる。スタイリング リキッドアイライナー BK001 ￥3000／コスメデコルテ

ペンシルアイライナー
Pencil Eyeliner

ペンシルタイプはまつ毛の隙間を打つために。適度な柔らかさがないと打ちづらいので、しっかり選んで。下への色移りを防ぐためにも、速乾性に優れたウォータープルーフタイプが◎。

クリーミィなタッチでまつ毛の生え際を確実に狙って打てる一本。ぼかしやすいチップがついているのも嬉しい。ラスティング ジェルアイライナー BK001 ￥3500／コスメデコルテ

楕円形の芯先で、まつ毛の生え際にピタッとフィット。定着するまでの約20秒の間は、思いのままにふんわりぼかせる。ラブ・ライナー ペンシル ヌードブラック ￥1200／msh

色材粉末のひとつひとつをオイルコーティングしてあるから、なめらかで均一な発色。ウォータープルーフでにじまない。クリームアイライナー WP ブラック ￥1000／エテュセ

マスカラ

Mascara

カールキープ剤をきちんと塗っているので、マスカラはその下地を塗ったまつ毛をキレイに染めてくれるタイプがベスト。クリーミィでダマにならないものを選んで。

四角柱×2.5mmのマイクロブラシが根元にしっかりと入り込んで、セパレートしながら短いまつ毛や下まつ毛をきちんと拾う。モテマスカラ TECHNICAL 3 ￥1800／フローフシ

モデル使用

3種類のトリートメントオイル配合で、まつ毛が柔らかくなめらかな状態になる。ワックスフリーだからストレスなく美まつ毛に。ラッシュ CC 01 ￥4500／ヘレナ ルビンスタイン

短いまつ毛を根元からキャッチする極細のスキニーブラシ。上向きカールが終日持続。ファシオ パワフルカール マスカラ EX（ロング）BK001 ￥1200／コーセーコスメニエンス

濃密オイル配合のマスカラはダマになりにくく、ツヤを出しながら均一にボリュームアップ。グラマラッシュカールマスカラ ブラック ￥580／セザンヌ化粧品

BEAUTY COLUMN

2

下まぶたはすべての人に 公平に与えられた"遊べる敷地"

これまでご紹介してきたように、上まぶたにはいろいろな形があります。どれも素敵な個性なのですが、その形にコンプレックスを抱いている方が多いのも確か。長井メイクの基本は「上まぶたはオフホワイトで全体を明るくしてくすみを飛ばし、ブラウンシャドウで彫り感をつくる」です。この方法こそ、すべての方が自分史上最高のアイメイクをつくる唯一無二の方法だと思っています。だから、上まぶたは長井メイクのハウツーをしっかりと取り込んでほしいのです。

でも「やっぱりいろんなカラーで遊んでみたい」と思う方もいらっしゃるはず。そこでオススメしたいのが"下まぶた"を使いこなす方法。下まぶたは目形に関係なく、誰にでも等しく与えられたエリア。目形に左右されないから、どんな色を塗っても必ずキマるスペースなんです。パステルカラーも、夏にピッタリの涼しげカラーも、上まぶただと腫れぼったくなりそうなピンクも、好きなだけ、楽しんで！　守るべきルールは「涙袋の幅程度に収める」こと。たったこれだけ。さあ、楽しみましょう！

(VOCE2017年10月号)

クールな印象が強い一重さんをオシャレ顔に仕上げるために、上まぶたを徹底的に彫った後、下まぶたにはハイライトを仕込んでから、コケティッシュなイエローを涙袋にオン。アプリコットメイクと相性よし！

目元が重く見えてしまう奥二重さんが色で遊びたいときは、下まぶたに加えて、上まぶたの目尻も組み合わせて色を見せるのが勝ちルール。この写真ではブルーグリーンを目尻にくの字形に入れて、神秘的な表情に。

(VOCE2017年10月号)

眉の描き方

アイメイクの最後に描けば、
眉へのこだわりを捨てられる。

長井メイクではアイメイクを終わらせてから眉を描きます。いつものメイクと順番が逆……という方も多いと思いますが、眉を後から描くからこそ、全体的なバランスが取りやすくなります。眉は主役ではなく、あくまでも〝添え物〟。主張しすぎるのもやりすぎるのもダメです。スクリューブラシを取り入れて、ラフに描いてみましょう！ そのためにも、抜いたり、剃ったり、必要以上にカットしたりするのはやめて。ナチュラルな眉を育てていけば、眉のお悩みは半分以下に減り、眉への執着がなくなります。

眉でカットするべきは眉尻の下側のみ。眉頭の下側から眉尻に向かってまっすぐラインを引いたときに、その線から下にはみ出す毛だけをカット。それ以外は触らないように！

使用ITEM

アイテムの詳細は P.90

1

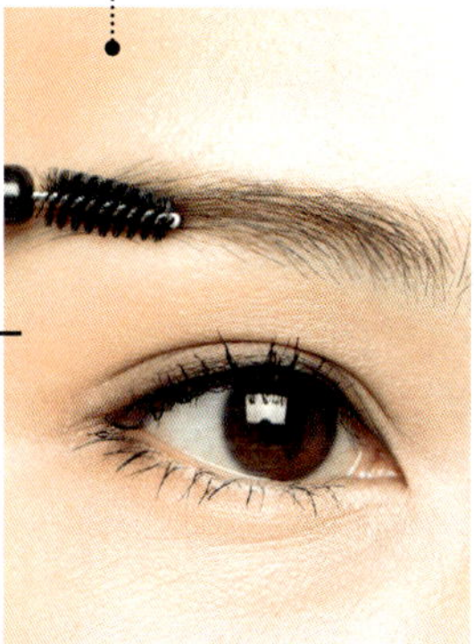

描きやすいように毛を整え、余物なものをオフ

毛の中に入り込んでいるスキンケアやファンデをきちんとオフ。**30度折り**したスクリューブラシで眉頭から眉尻方向に全体をとかして、毛並みを整えます。

2

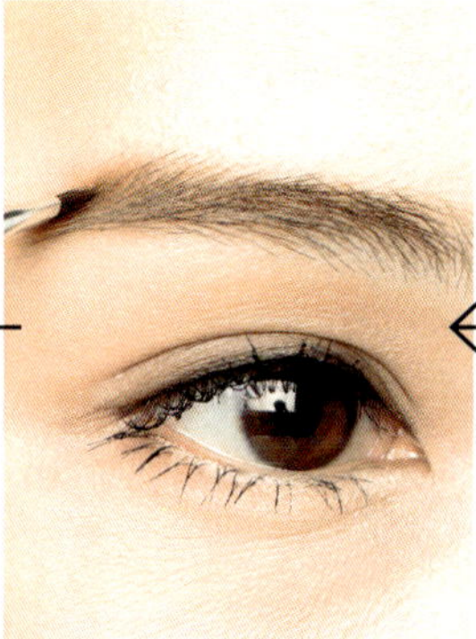

最初に眉山を決め、そこからスタート！

アイブロウパウダーを大まかにのせていきます。眉山を決めて、眉尻に向かって少しずつパウダーをオン。アイメイクと同様、眉も左右同時に進めて。

3

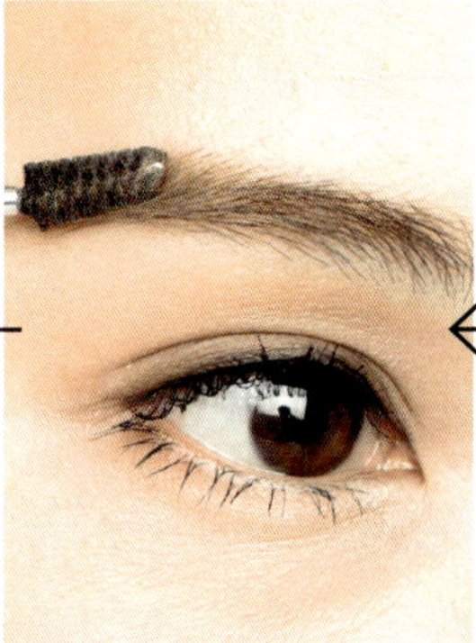

地肌に色を溶け込ませ、自然な眉をつくっていく

パウダーをのせたら、必ずスクリューブラシでとかす。この工程を繰り返すことで、地肌に色が溶け込み、より自然な眉に。眉山から眉尻方向へとかして。

事件

スクリューブラシカチカチ事件

スクリューブラシに皮脂とパウダーがこびりついてカチカチになっている人多数!!　これでは眉をとかすことも、地肌に色を溶け込ませることも不可能。必ず定期的に洗うように！

使用ITEM

アイテムの詳細は
P.91

4

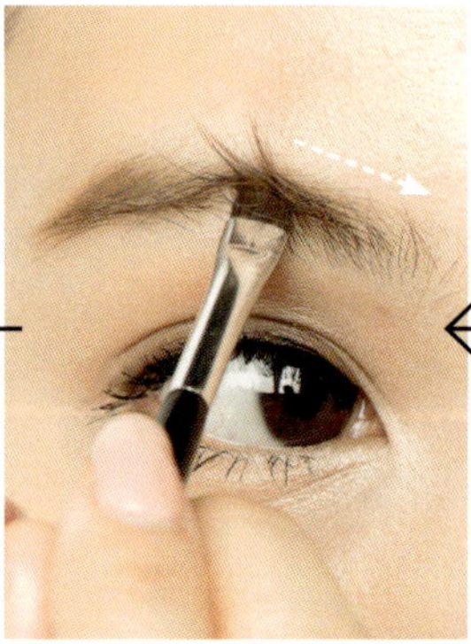

眉山から眉頭方向へ パウダーをオン

次は眉山から眉頭方向へパウダーをオン。このとき、毛流れに逆らうようにブラシを動かすのがポイントです。毛をかき分けて、肌に色をのせるイメージで。

5

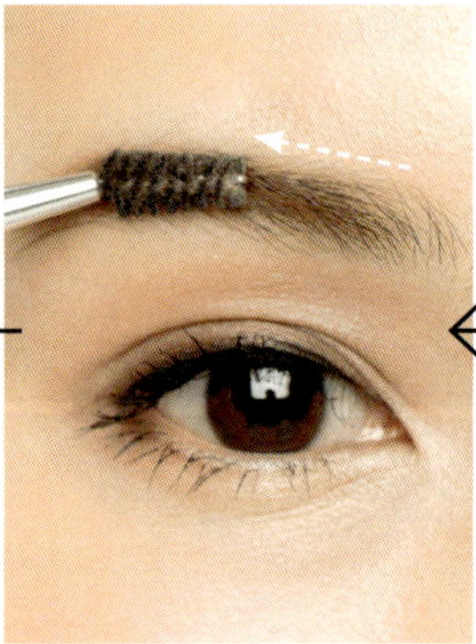

描いたら必ず ブラシで整える

眉尻のときと同じように、スクリューブラシを使ってパウダーを肌になじませていく。ブラシは眉頭から眉尻方向へ動かすのがポイント。しっかりとかして。

6

それでも埋まらなければ ペンシルで描き足す！

パウダーで埋まりきらないところはペンシルで。毛を一本一本描き足すように細かくペンシルを動かして。眉の上側ではなく下側に足すとより立体的な顔に。

+1 テク

立体感が出る〝お借りぺぺぺ※〟

指2本を眉頭に当て、眉にのせた色を少し下方向へと広げる。眉の色を〝借り〟て、ノーズシャドウ的な立体感を。

【お借りぺぺぺ】…… アイブロウパウダーを眉頭から少しだけ〝お借り〟して、ノーズシャドウとして広げること。

眉が完成！

使用ITEM

アイテムの詳細は
P.91

+1 テク

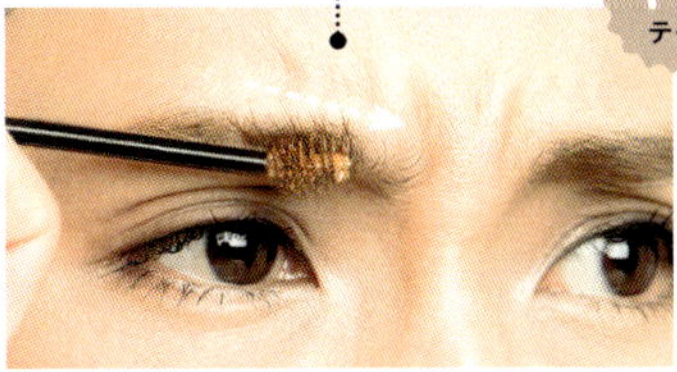

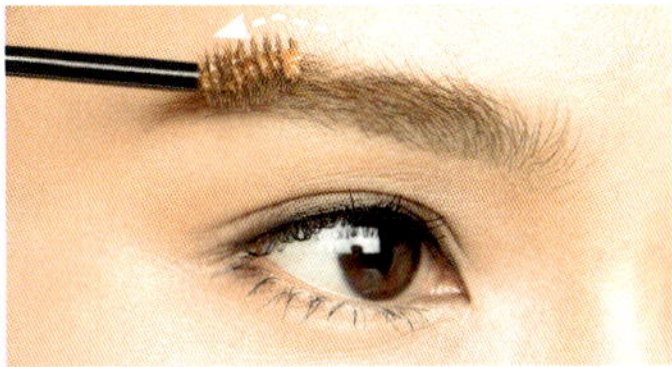

眉マスカラでカラーコントロール

眉を明るくしたいときは眉マスカラを。眉をひそめて**変顔**をしながらつけると、肌につかず毛先にだけ塗れる。マスカラ同様、ブラシは**30度折り**で。

使用ITEM

アイテムの詳細は
P.91

+1 テク

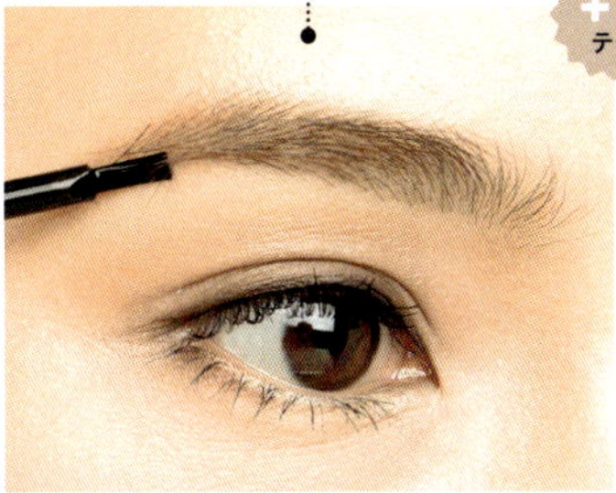

絶対落としたくない日はフィクサーを

眉尻など消えやすいところは、ブロウフィクサーを仕上げに塗っておくのが◎。どんなに汗をかいても大丈夫！

アイブロウパウダー

Eyebrow Powder

王道のブラウンが何色か入ったアイブロウパウダーと描きやすいアイブロウブラシ＆スクリューブラシは必須。アイブロウペンシルは繊細な芯のものがオススメ。アイブロウマスカラ、ブロウフィクサーは必要に応じて用意を。

オススメツール

ダブルエンドタイプのブラシ。適度なコシと硬さで、眉がスムーズに描ける。アイブロー ディファイナー/アイグルーマー デュアルブラシ ￥4500／ボビイ ブラウン

柔らかなスクリューブラシと眉尻などを描きやすい斜めカットの平筆が一本に。持ち運びにも便利なサイズ。ダブルエンドアイブロウブラシ スクリュータイプ ￥630／ロージーローザ

モデル使用

目元の立体感づくりを追求した5色セットのアイブロウパウダー。アイシャドウとしても使える。ルナソル スタイリングアイゾーンコンパクト 01 ￥4200／カネボウ化粧品

ノーズシャドウ＆アイブロウパウダーのセット。骨格づくりをサポートする上質な3種のブラシがイン。コントゥアリング パウダー アイブロウ BR302 ￥4500／コスメデコルテ

立体グラデ眉をつくるのに最適な3色がセットに。陰影を簡単に出せるダブルエンドのブラシも秀逸。ケイト デザイニングアイブロウ3D EX-5 ￥1100（編集部調べ）／カネボウ化粧品

アイブロウペンシル
Eyebrow Pencil

削る手間のない繰り出しタイプ。楕円芯だから、細い部分は繊細に、太い部分は自然なボリュームを出すのに最適。ブラシ付アイブロウ繰り出し 全4色 ¥580／セザンヌ化粧品

モデル使用

眉毛の一本一本を足すように繊細に描ける極細芯。マットな質感で肌へのなじみも抜群。崩れにくいのも嬉しい。アイブロウ スリム 全6色 ¥3800（セット価格）／エレガンス コスメティックス

ブロウフィクサー
Brow Fixer

モデル使用

眉マスカラの上からも使える処方。ウォータープルーフタイプだから消えやすい眉尻もキープ。キャンメイク ラスティングマルチブロウコート01 ¥500／井田ラボラトリーズ

サラッとした透明液が、アイブロウの色や仕上がりを保ちながら眉メイクをきっちりガード。コシのある平筆で均一に薄くムラなく塗れる。アイブローコート ¥1000／オルビス

アイブロウマスカラ
Eyebrow Mascara

モデル使用

短い毛と長い毛を組み合わせた眉専用ブラシは色をのせやすい設計。どんなイメージも思いのままの色バリエも優秀。アイブロー マニキュア 全6色 ¥3000／シュウ ウエムラ

長時間落ちにくいのにお湯で簡単にオフできる眉マスカラ。地肌につきにくいコンパクトなブラシを採用。ヘビーローテーション カラーリング アイブロウ 全7色 ¥800／伊勢半

STAGE 4

CHEEK &LIP MAKE-UP

チーク ≪ リップ

頬と唇を最大限に美しく見せてくれる アプリコットカラーの力を信じてみて!

さあ、いよいよ長井メイクも終盤です。残りは仕上げのチークとリップメイク。難しいプロセスはほぼ終わっていますが、チークはややトリッキーなので、心して進めて。チークもリップも選ぶべき色みは、断然〝アプリコットカラー〟。どんなシチュエーションでも必ず褒められること間違いナシで好感度抜群。

チークの塗り方

2回目に入れるチークは血色感とハッピー感の演出に！

ベースメイクの後、フェイスパウダーの前、というタイミングで仕込みのクリームチークを入れましたが、ここで入れるのは仕上げ。パウダーチークを使って、血色感とハッピー感を操作します。チークを成功させるために大事なことをお話しします。まず、仕上げチーク用に毛量たっぷりの大きめチークブラシを用意すること。そして、チークは一番後戻りしづらいエリアなので、いきなり頰にのせるのはやめること。この2つを守るだけでも失敗のない、自然な血色感が生まれます。

必ずワンバン

一度塗ったら引き返せないから、手の甲で必ずワンバンして、濃度調整を。

使用ITEM

アイテムの詳細は
P.97

1

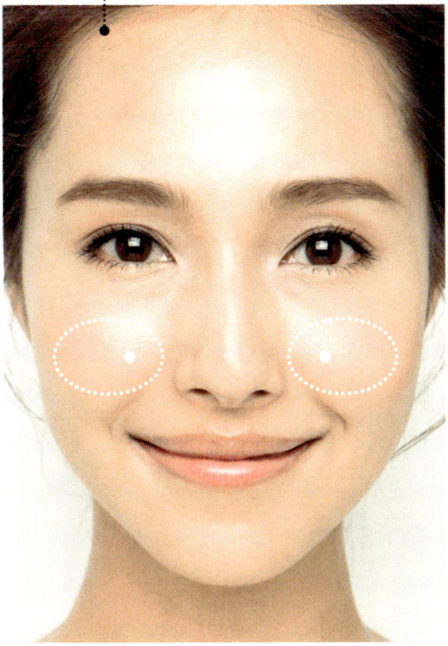

まずは入れるエリアをチェック!

チークを入れるのはにっこりと笑って高くなる位置。小鼻の横よりやや上、美肌ゾーンに少しかかるエリアです。両方の頬が入る距離に鏡を持ち、最終確認をしましょう。

2

ポンポンと小さな楕円を描く

中心を決めたら、そこに小さな楕円を描くつもりで、ポンポンと色を"置く"ようにのせて。一気にのせると戻れないので、**ワンバン**させながら、少しずつ色を重ねるのがコツ。

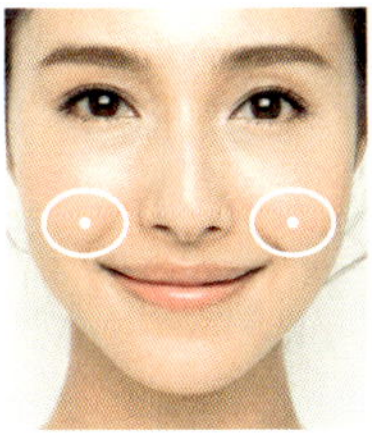

鼻より下に行かない

チークを入れる高さを間違う人も多いです。低い位置だと顔が間延びして見えるので注意を。

鏡の位置を離して、顔を傾けない

必ず両方の頬が一緒に見える距離に鏡を構えて。さらに顔はきっちり正面に。顔を傾けると'80年代風斜めチークになってしまいます。

3

チークにも**オーラ**をオン！

チークの円周にも、美肌ゾーンでつくったような**オーラ**をオン。円を描くようにブラシをクルクルと回し、肌との境目をなじませていく。美肌ゾーンを崩さないように注意！

+1テク アプリコットカラー以外は高めストレート将棋置き※

将棋の駒を持つようにブラシを上から平たく押さえ、横長広めにのせましょう。

チークが完成！

【将棋置き】……将棋の駒を打つときのような手つきでブラシを持ち、やや押しつぶしてチークをのせること。

パウダーチーク

Powder Cheek

仕上げに使うパウダーチークも仕込みチークと同様にアプリコットやコーラル系のカラーをセレクト。肌から浮かない質感で、ややツヤ感のあるタイプがベスト。ギラギラしたラメなどが入ったモノは避けて。

オススメツール

モデル使用

ヤギとポニーの毛のブレンドで、柔らかいタッチでチークをのせることが可能。目の詰まった毛先は抜群の粉含みで、自然な発色に。ブラッシュ ブラシ ¥7000／ボビイ ブラウン

粉含みがよく、シャープにもふんわりとした感じにもパウダーをのせられる。熊野筆 チークブラシ7WM-PF02 ¥6200／ARTISAN & ARTIST

モデル使用

内側から染めたように、ナチュラルに色づくチークは美容成分を配合。繊細なゴールドパールがきらめくコーラルオレンジ。ザ ブラッシュ 019 ¥2800／アディクション ビューティ

シルキーで柔らかな輝きを湛えたテクスチャーで、にじみ出たような血色感を演出。使いやすいウォームレッド。パウダー ブラッシュ RD400 ¥5000（セット価格）／コスメデコルテ

素肌に溶け込んで"体温"を演出する薄膜のパウダーチーク。柔らかな印象のピーチ。キッカ フローレスグロウ フラッシュブラッシュ パウダー 05 ¥5000（セット価格）／カネボウ化粧品

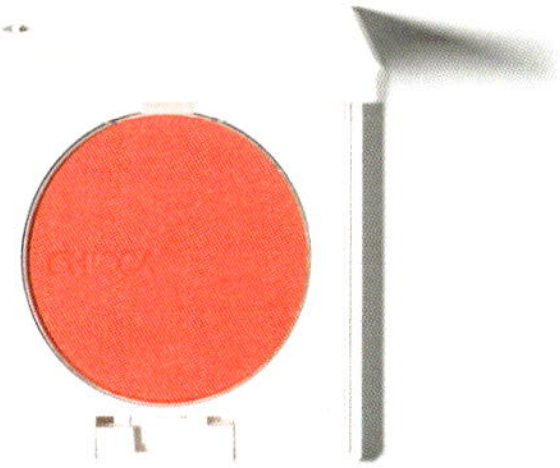

透明感がありながら鮮やかな発色。空気を含んだ軽いテクスチャーが肌に密着。アスタリフト フラロッソ ルーチ ブラッシュ PK01 ¥3800／富士フイルム

リップの塗り方

塗り方よりも色選びに注力を。ハズさないアプリコットカラーが好感度をアップ

いよいよ最後の仕上げ。チークと同様に唇の色みはアプリコットカラーで統一します。頬と一体感を見せることでメイク全体に統一感が生まれて、好感度が一気に上昇。今は数年前に比べると、リップメイクがとても人気です。店頭にはあらゆるカラーと質感のものが溢れているので「どれが自分に似合うのだろう」と気になると思うのですが、まずは、どんなシチュエーションでも必ず好印象を持たれるアプリコットリップを一本用意してください。塗り方はとてもオーソドックスで簡単。ハウツーよりも、色選びが重要だと認識を！

使用ITEM

アイテムの詳細は
P.101

1

グリグリ直塗りで広げて

口紅は直塗りして大丈夫。そのまま唇に当てて、グリグリと全体に広げてなじませてください。オーバーめでも小さめでもなく、自分の唇のサイズに合わせて塗りましょう。

2

フチならしは大人の作法

リップラインを取らない代わりに、直塗りした唇のエッジを指先でぐるりと一周触って、**フチならし**を。唇のラインを曖昧にすることでナチュラルな印象に仕上がります。

AFTER

完成！

アプリコットリップ

Apricot Lip

アプリコットカラーは、まさに“杏”のような色み。オレンジがかったピンクで、コーラルピンクと呼ばれることも。日本人の肌色とベストマッチングする色みで、誰にでも合う魔法のカラーといえるでしょう。

濡れたようなツヤ感を演出しながら、とろけて唇と一体化。ぷっくりした厚みのある唇に。エレガントで洗練された女性らしい色み。ザ ルージュ OR250 ￥3500／コスメデコルテ

モデル使用

クリスタルのような透明感とクリアな発色で輝く唇に。鮮明なクリーミィコーラル。ピュア カラー クリスタル シアーリップスティック 11 ￥3700／エスティ ローダー

高発色で適度なツヤ感がありながらも、セミマットな仕上がり。オレンジ寄りのヘルシーアプリコット。ナチュラグラッセ ルージュ モイスト 03 ￥3200／ネイチャーズウェイ

唇に繊細なツヤ感と官能的な立体感をつくる。弾けるような明るさのあるコーラルピーチ。クレ・ド・ポー ボーテ ルージュアレーブルｎ 3 ￥6000／資生堂インターナショナル

チークにもリップにも使える２ウェイのマルチカラー。カジュアルマットな唇に。肌なじみ抜群のややブラウンみのあるカラー。マルチペイントカラーズ 05 ￥3000／RMK Division

何度も練習するうちに出逢えるのは、自分史上最高の〝わたし〟

アプリコットメイクの最上級バージョンを
自信を持ってお届けしましたが、いかがでしたか?
最初は戸惑うこともあるでしょうし、
慣れるまでは時間もかかります。
でも体が覚えれば、自然と
短時間でできるようになります。
そして、ベストメイクが自分でつくれるようになれば、
そこから、皆さんの人生が変わっていくと思います。
恐れずに新しい一歩を踏み出してください。

あなたの「キレイ」に終わりはありません。
最上級の美しさが、必ずあなたを待っています。

BEAUTY COLUMN
3

メイクツールに頼って技術をカバーする！

「どんなに練習してもメイクがうまくならない――」そう思っている方は、ぜひ一度お手持ちのメイクツールを見直してみてください。コスメに付属している道具も優秀なのは確かです。でも皆さん、気になりませんか？どうしてプロのメイクアップアーティストは、付属のツールではなく専用のメイクツールを使うのか――。高い技術を持っているプロの方々は、「ツールを替えることで、仕上がりに差が出る」ことを実感されているんです。もちろん私もそのひとり。決して〝高いツールがいい〟というわけではありません。プチプライスなのに私を虜にしてしまうツールもいっぱいあります（笑）。メイクツールを替えるだけで、メイク上手への道が開けるなら、こんなに便利なことはありません。

第2章

リップカラーを
変えて楽しむ
メイクの
足し算・引き算

「アプリコットメイク」は万能ですが、
それでもちょっぴり冒険したい日も。そんなときはリップで変身を。
一番取り入れやすく、トレンドも堪能できて、何より簡単です。
コツは少しの足し算と引き算だけです。

COLOR VARIATION

応用度
★

BEIGE
ベージュ

アプリコットメイクの延長にあるベージュ

長井メイクの基本となるアプリコットメイクは
どんな状況にもマッチする洗練された仕上がりですが、
ベージュリップを使うと、さらに落ち着いた印象に。
口元が控えめな分、目元の美しさが際立ちます。

POINT
1

アプリコットと同じく使いやすいカラー！

ベージュはアプリコットリップの延長と捉えてOK。塗り方も、アプリコットと同様にグリグリと直塗りして、指でフチならしを。少し赤みのあるベージュのほうが白浮きせずにしっくりハマります。

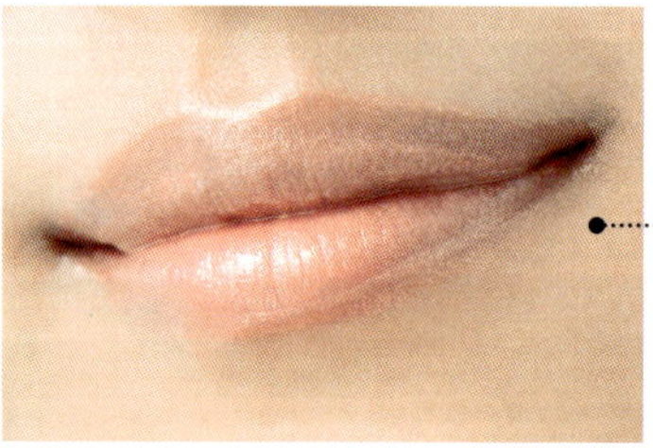

アイテムの詳細は
P.114

POINT
2

ベージュゴールドを下まぶたに効かせる！

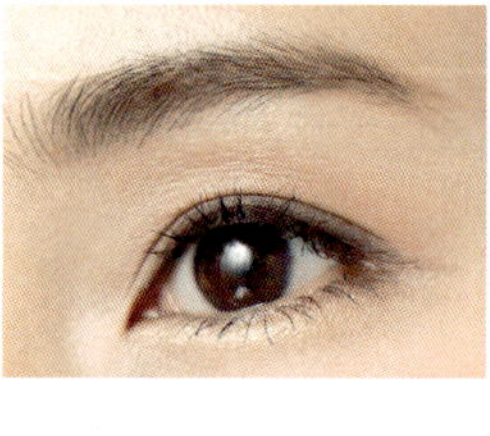

上まぶたは長井メイクの基本形で、ブラウンのアイシャドウで彫りをつくります。下まぶたはリップとリンクするように涙袋にベージュゴールドをオン。繊細なゴールドがきらめきます。

POINT
3

眉を柔らかくつくって表情にヌケ感を！

第3のポイントは眉。眉山はつくらずフラットぎみに描き、眉頭の〝**お借りペペ**〟もナシ。ベージュリップはややモードに見える可能性もあるので、眉の手抜きでヌケ感をつくります。チークはアプリコットカラーをそのまま活かします。

COLOR VARIATION

応用度
★

PINK
ピンク

“愛らしさ”の極みをつくる永遠のピンク！

アプリコットリップよりも、少し甘めに仕上がる分、
プリンセス的な可愛らしさを演出できるのが、
ピンクのリップ。ピンクは色みの幅がありますが、
迷ったらピンクベージュ系を選ぶと成功します。

POINT
1

清楚な可愛らしさは ややツヤのピンクで

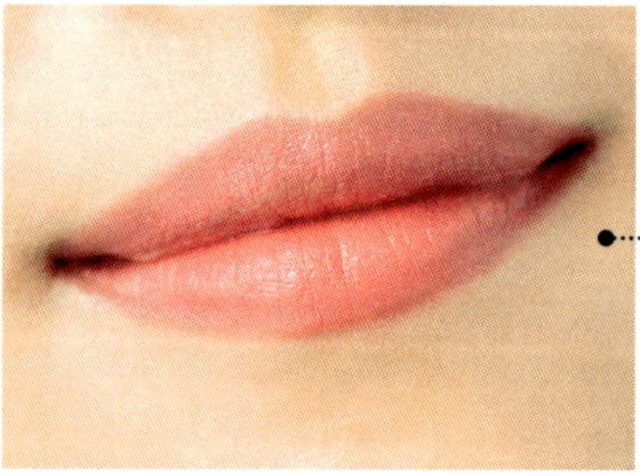

ピンクもアプリコットと同様に使いやすい色。塗り方もアプリコットと同様にグリグリと直塗りして、忘れずに**フチならし**を。

アイテムの詳細は
P.114

POINT
2

太短め眉×ボルドーを 少し仕込んで甘辛の調整を

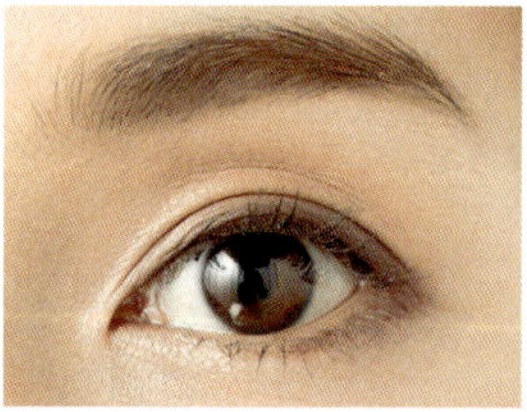

唇に甘さが出るので、眉は下側を描き足して太め＆短めにしてバランスを整えます。目元のポイントは上下の目尻。上のラインはボルドーのアイシャドウ。下は目尻1/2のキワにブラウンのアイシャドウを入れて。

POINT
3

パウダーチークは 愛らしさ満載の青みピンクで

仕込みのクリームチークで基本のアプリコット色を活かしつつ、パウダーチークを青みピンクに。ブラシを平たく押さえて持つ**将棋置き**で、頬の高い位置にポンポンとのせます。

COLOR VARIATION

応用度
★★

SOFT BROWN

ソフトブラウン

憧れのオトナ女子を狙うならソフトブラウン

オトナっぽい表情を演出できるソフトブラウンは
美人度をグッと高めてくれるカラーとしてもオススメ。
目元にはニュアンスの出るカーキを使い、
眉は少し山をつくることで、媚びのない凛とした女らしさを出せます。

POINT
1

ブラウンは濃すぎず、適度なバランスが重要

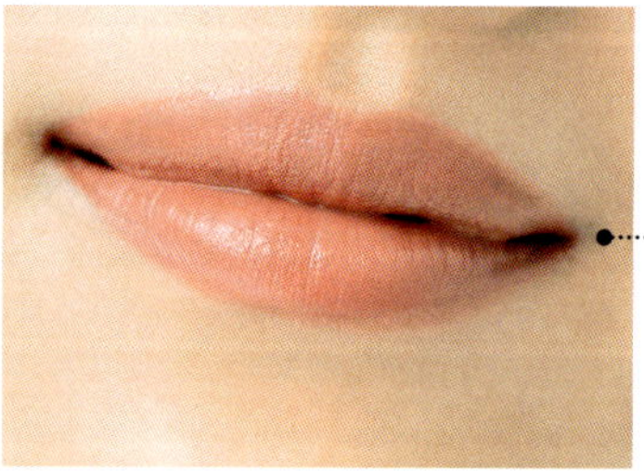

あまりに濃密なブラウンを選ぶとキリリとした印象が強くなるので、肌色の延長で少し濃くなったくらいの発色に収まるタイプがベスト。自然なツヤ感を纏えるものを選んで。

アイテムの詳細は
P.115

POINT
2

眉は山をつくり長めに。アイシャドウはカーキを

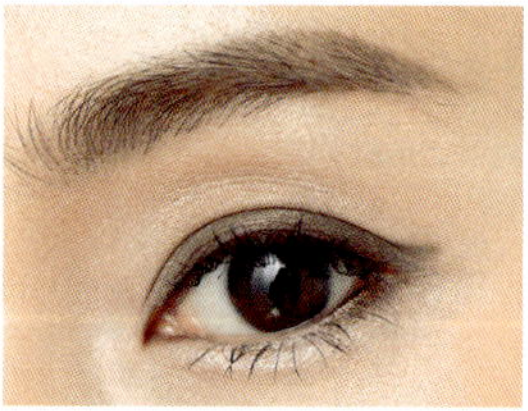

眉の下側は平行なラインを取りつつ、上側は少し山をつくって長めに。二重幅にカーキのアイシャドウを入れて、奥行きのある目元に仕上げる。下まぶたの目尻1/3の粘膜部分に黒のジェルラインを入れてオトナっぽく。

POINT
3

眉頭からノーズシャドウを、目頭にはハイライトも！

眉頭から〝**お借りぺぺぺ**〟でノーズシャドウを入れて立体感を。次に、上まぶたのくすみ飛ばしに使うオフホワイトを目頭にくの字形に入れ、ハイライトにも入れるとさらに立体感が。頬は仕込みのクリームチークのみ。

COLOR VARIATION

応用度
★★★

RED
レッド

こなれ赤リップには、引き算がマスト！

最近では定番カラーになりつつある赤リップは
マット質感タイプをのせた後、指でポンポンとぼかすことが必須。
アイメイクと眉のプロセスを引き算することで、
失敗しない、こなれた印象の赤リップメイクに仕上がります。

POINT
1

きっちり塗らない！ ポンポン塗りが必須

赤リップはグリグリ直塗りだと、派手になる場合も。唇にラフにのせたら、必ず指先でポンポンとぼかして。〝つけてぼかす〟を繰り返して、好きな濃さに。

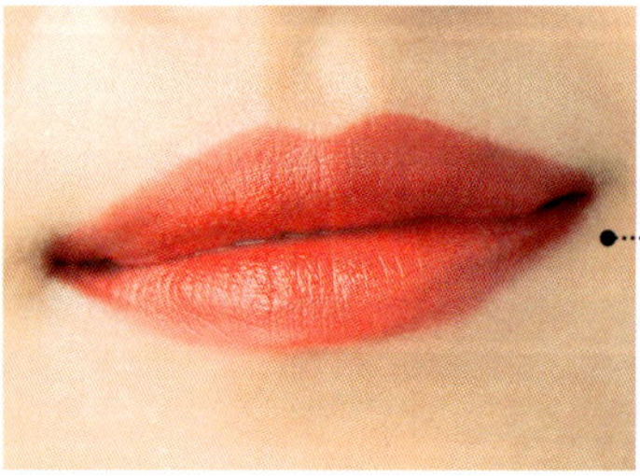

アイテムの詳細は
P.115

POINT
2

彫りナシ＋目尻にリキッドライナーを

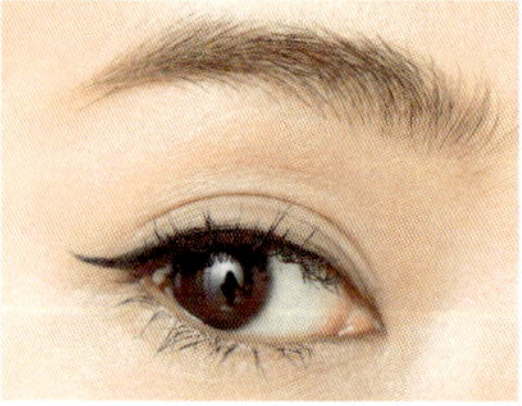

唇にインパクトがあるので、上まぶたは敷地のくすみ飛ばしのみで彫りはナシ。アイラインは基本通りに打ったら、目を開けたまま目尻にリキッドライナーをちょいハネさせて。

POINT
3

眉マスカラで眉色を明るくするのも必須

唇が強い分、徹底的に引き算を。明るめの眉マスカラを塗って眉の印象をマイナスすると、赤リップでも「メイクが濃い」雰囲気にはなりません。チークはアプリコットカラーを使った仕込みチークだけでOK。

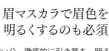

PINK
ピンク

モデル使用

体温でとろけるようにのびて、唇を包み込むようにフィット。思わず触れたくなるような発色抜群の華やかピンク。ディグニファイドリップス 13 ￥3200／セルヴォーク

ソフトで贅沢な質感で、一日中潤いが持続。好感度の高い、落ち着いた印象のピンク。ピュア カラー エンヴィシアー マット リップスティック 02 ￥4000／エスティ ローダー

クリーミィに溶け込むから、ふわっと染まったような血色感に仕上がる。愛らしさ満点の青みピンク。ヴィセ リシェ リップ＆チーク クリーム PK-2 ￥1000（編集部調べ）／コーセー

まろやかなツヤで唇をみたし、優しいフラワーカラーで染め上がるピンク。オーガニックのウチワサボテンのオイルが配合で保湿力も高い。ペタル エッセンス リップ 204 ￥2800／トーン

BEIGE
ベージュ

モデル使用

ギラつきのないみずみずしいツヤをつくるリップグロス。きらめきのあるウォームベージュ。クレ・ド・ポー ボーテ ブリアンアレーブルエクラ 2 ￥4000／資生堂インターナショナル

にごりのない澄んだツヤ感でみずみずしい仕上がり。ほんのり赤みを感じるブラウンベージュ。コフレドール ピュアリーステイルージュ BE-237 ￥2500（編集部調べ）／カネボウ化粧品

軽やかな質感の口紅はひと塗りで洗練された印象に。メルティな塗り心地もクセになる。肌色を美しく見せるシルキーベージュ。エクストラ グロウ リップスティック 11 ￥4000／SUQQU

ソフトマットなルージュは、スルスルと軽やかにのびる質感。洗練されたニュートラルベージュ。カネボウ インテンスクレヨンルージュ 01 ￥3500／カネボウインターナショナルDiv.

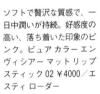

RED
レッド

モデル使用

深みのある濃厚な発色。なめらかなつけ心地は圧倒的。高貴な印象のノンパールクラシカルレッド。スティック ルージュ 04 ¥4000／レ・メルヴェイユーズ ラデュレ

ひと塗りでグラデリップが完成する2層構造の口紅。スタイリッシュな黄み系レッド。ヴィセ リシェ クリスタルデュオ リップスティック RD460 ¥1500（編集部調べ）／コーセー

つけるほど潤うリップとして人気の口紅は天然色素だけで鮮やかな発色を実現。華やかで上質な雰囲気の大人の真紅。ミネラルルージュ クラシカルレッド ¥3000／エトヴォス

ソフトグロウな質感の仕上がりに。鮮やかな赤みで女性らしい口元を演出。ルナソル エアリーグロウリップス 04 ¥3000／カネボウ化粧品

SOFT BROWN
ソフトブラウン

モデル使用

軽やかタッチで唇にフィット。薄膜で見たままの色がのる。赤みのある落ち着いたモカブラウンは、大人っぽい印象に。ルナソル エアリーグロウリップス 05 ¥3000／カネボウ化粧品

透明感ある鮮やかな発色と光沢で唇が際立つ。赤みの強いブラウン。アスタリフト フラロッソ ティラバーチ リップスティック OR01 ¥3200／富士フイルム

ひと塗りでふっくらと厚みのある唇を形成。濡れたような大人っぽいツヤ感で、保湿力も高い。聡明さを感じさせるブラウンベージュ。ザ ルージュ BE858 ¥3500／コスメデコルテ

ヴェルヴェットのような濃密質感で発色。なめらかなつけ心地とツヤを実現。肌になじむシックなピンクブラウン。スティック ルージュ 02 ¥4000／レ・メルヴェイユーズ ラデュレ

語録で覚えれば、
テクニックを忘れない！

長井メイク語録

メイクトレーニングでもよく飛び交う、なぜだか耳に残る「長井メイク語録」。覚えてしまえば、メイクのコツが記憶に残ります。本編で使った語録をプレイバック！

【変顔】

スキンケアだけでなく、ポアカバーを塗るときにも〝変顔〟はマスト。目を大きく見開いてキワまで塗ったり、鼻の下を伸ばして毛穴を埋めやすくするなど、「塗り残し」を防ぐための超重要プロセス。

活用アイテム　スキンケア（P.26）、ポアカバー（P.34）

【ペトもち】

スキンケアが終わったタイミングで肌状態をチェックしたとき、手の甲が肌からサッと離れるのではなく、少し〝持っていかれる〟くらいの質感を示した言葉。

活用アイテム　スキンケア（P.27）

【ソソソ】

「優しく丁寧に触るさま」を表現した言葉。指の腹を使って、なでるように触るイメージ。ムラづきしたピンク下地をならしたり、まつ毛下地の余分な液をオフするときも、この言葉で表現することが多い。

活用アイテム　ピンク下地（P.33）、マスカラ下地（P.71）

【親のカタキ塗り】

「親のカタキ」とあらば、全身全霊で挑むはず。手を抜かずに「これでもか！」というくらいの勢いで塗ることを、こういう。あらゆる方向に開いている毛穴に対して、全方位から攻めの姿勢で塗り込むこと。

活用アイテム　ポアカバー（P.34）

【印籠持ち】

そのまま肌に垂直に当てられるよう、スポンジを大きく全体で持つ方法。時代劇ドラマ『水戸黄門』のクライマックスシーンで、家臣の格さんが悪人に葵の御紋入りの印籠を同様の持ち方で見せることに似ていたために、この呼び方に。

活用アイテム　ファンデーション（P.38）

【オーラ】

ファンデーションやチークなどをのせたところとその他のエリアとの「繋ぎの役目」果たす部分（もの）。あくまでも〝繋ぎ〟ではあるけれど、オーラがあることで、メイクが自然になじむ効果がある。

活用アイテム　ファンデーション（P.39）、仕込みチーク（P.43）、チーク（P.96）

【塩】

皮脂を抑えるため使用するルーセントパウダーを「塩パウダー」と呼ぶ。粒子が細かくサラッとした質感で、皮脂や水分を吸着する働きがある。しっかりフィックスさせたいので、付属のパフを折りまげて使って。

活用アイテム　ルーセントパウダー（P.50）

【砂糖】

肌にツヤを生まれさせるミネラルパウダーを「砂糖パウダー」と呼ぶ。ミネラルパウダーに含まれるオイル成分が、肌にツヤや潤いを与える仕組み。こちらはブラシつけがオススメ。ごく薄く肌にのせるには、ブラシ以外の方法は今のところナシ。

活用アイテム　ミネラルパウダー（P.50）

【防波堤】

マスカラやアイラインが下まぶたに移る、いわゆる〝パンダ目〟を防ぐためにパウダーを下まぶたに置くこと。涙袋と下まぶたのまつ毛キワに小さめの平筆ブラシで、パウダーを軽く置く。

活用アイテム　ルーセントパウダー（P.53）

【フチならし】

〝防波堤〟や下まぶたに塗ったアイシャドウ、唇のエッジなど、塗りっぱなしにせず、最後に〝フチをならす〟と、仕上がりに差が出る。きれいな指で優しくなぞって。

活用アイテム
ルーセントパウダー（P．53）、アイシャドウ（P．65）、リップ（P．99）

【レ点キック】

砂糖パウダーをまぶした後、肌表面に残った余分な粉を掃き出すこと。漢文に出てくる「レ点」を書くようなイメージで、ブラシを肌の上でキックさせて粉を払う。ちなみに、このテクニックは美肌ゾーンにおいては禁止。

活用アイテム
ミネラルパウダー（P．50）

【ワンバン】

カラーアイテムをのせるときは必ず手の甲で「ワンバウンド」。パレットから直接顔の上にのせると、プロでも間違いなく失敗します。メイクはのせた後に〝引く〟ことができません。しかし、重ねて濃くしていくことは可能です。手の甲で色調整をするクセを。

活用アイテム
アイシャドウ（P．63）、アイブロウ（P．87）、チーク（P．95）

【ペチ置き】

チップの片面全体にアイシャドウを取り、ペチペチと置くように色をのせていく手法。涙袋に明るめのアイシャドウを置いたり、下まぶたの目尻にだけブラウンを効かせたり、または下まぶたにカラーシャドウなどを置きたいときに使う。推奨ツールは細身のチップ。

活用アイテム
アイシャドウ（P．65）

【ワキ上げ手首返し】

まつ毛をアイラッシュカーラーで最大限に上げるときの極意。手首をしっかり天井側に返しながらまつ毛を挟み上げることで、美しいカーブのまつ毛が完成。手首返しと同時に、徐々にワキも上げないと狙ったカーブはつくれない。

活用アイテム
アイラッシュカーラー（P．70）

【捨てエリア】

〝手をつけないエリア〟を総じて「捨てエリア」と呼ぶ。捨てエリアを見極めることで、無駄な時間も労力も省ける。

活用アイテム
アイラッシュカーラー（P．71）、アイライナー（P．79）

【30度折り】

マスカラやアイブロウマスカラ、さらにはスクリューブラシの根元を30度に折って使うこと。この角度こそ、顔の凹凸にそって使いやすいベストな角度。まつ毛や眉毛にも絶妙に色をのせられる。

活用アイテム
マスカラ（P．81）、アイブロウブラシ（P．87）、アイブロウマスカラ（P．89）

【お借りぺぺぺ】

アイブロウパウダーを眉頭から少しだけ〝お借り〟して、「加トちゃん、ぺ」のような手つきで指の腹でノーズシャドウとして広げること。この手法を短縮して「お借りぺぺ」と命名。アイブロウからノーズの影感までの一体感が重要であることがわかるワード。

活用アイテム
アイブロウ（P．88）

【将棋置き】

棋士が将棋の駒を打つときのような手つきでチークブラシを持ち、ブラシをやや押しつぶしてチークをのせること。アプリコットカラー以外の横ストレートのチークづくりが簡単にできる。必然的にブラシは短く持つことに。

活用アイテム
チーク（P．96）

BEAUTY COLUMN

4

崩れにくい「長井メイク」のメイク直し法を伝授します！

「長井メイク」は〝崩れないこと〟も重要視しています。各プロセスを丁寧に追ってもらえれば、お昼休みやアフターファイブのタイミングで「あれ？ メイク直しは必要ないかも」と気づく方が多くいらっしゃるはず。

私が実際にメイク直し用としてポーチの中に入れているものは３つ。ひとつは、バームです。目の下の乾燥や爪まわりのケア、リップクリーム代わりにしたり、髪の後れ毛を直したり、とマルチに使います。次に、色つきリップクリーム。ティントタイプのようなものです。口紅は持ち歩かないのですが、リップクリームを塗り直すことであえて変化する色合いを楽しむことも。最後に、プレストタイプの塩パウダー。これはＴゾーンに皮脂が浮いてきたときだけ使います。ベースメイクでポアカバー＋塩パウダーのプロセスを踏んでおけば、ほぼメイク直しなしで大丈夫なはず。「長井メイク」をマスターすると、これくらいの持ち歩きで済むんですよ！（笑）　この手軽さ、ぜひ皆さんに体感してほしいと思います。

第3章

考えるメイクレッスン

読めば、メイクテクニックが2割増し

メイクアップとは顔の〝余白コントロール〟のこと

ここまで、私が持っているすべてのメイクのハウツーをしっかりとお伝えしたつもりですが、最後にもう少しだけ話を聞いていただければと思います。

最初に「メイクアップは国語と同じ」で、「ベストメイクを引き出すにはテクニックが必須である」こと、「メイクアップには力の入れどころと抜きどころがある」ことをお話ししました。こうやってメイクアップを改めて学び、トレーニングを重ねていくと、気づく方もいらっしゃると思うのですが、「メイクアップの真髄は顔の余白をコントロールすることにある――」これが究極の答えなのではないでしょうか。メイクアップとは〝錯覚〟を引き起こすものなんです。

簡単に説明すると、美肌ゾーンのみにファンデーションをたっぷりのせて頬骨を高く見せることも、眉頭の下に少し影を入れることで鼻を高く見せることも錯覚のひとつです。この錯覚をリアルな領域まで持っていくのが「美容整形」や「プチ整形」。実際に皮膚を切ったり縫っ

眉頭の下を暗くすることで距離が短いという錯覚が生まれ、顔が求心的な印象になります。

たり、ヒアルロン酸を注入するなどのさまざまな方法で、顔立ちそのものをコントロールして美しい顔を作っていくのです。

そこまではできない――。そういう方がほとんどだと思いますが、でも、よく考えてください。メイクアップの効果もかなりこれに近いと思いませんか？　目を大きくしたいとか、小顔に見せたいとか、鼻を高く見せたいなど、女性の欲求はつきません。でもメイクのテクニックさえあれば、美人を作ることは簡単にできてしまうのです。これがメイクアップの面白さであり、醍醐味なんです。メイクアップとは「顔の余白をコントロールすること」で「錯覚を引き起こす」ためのものです。光と影を操作し、高低差をつけ、距離感を調整することで、その人の顔を視覚的に変えていくことができるのです。

まず「光と影を操作する」こと。長井メイクでいうなら、目元をピンク下地で明るくしたり、ブラウンのアイシャドウで彫りをつくることなどが、それにあたります。

くすみがちな目まわりをピンク下地で明るく飛ばしておくことはハイライト効果に繋がります。

ブラウンで彫るのは、影の部分をつくるため。陰影がつくと目元に自然な立体感が生まれます。

次に「高低差をつける」こと。これはまさに〝美肌ゾーン〟のテクニックです。頬骨が高いのは美人顔の条件などといわれたりもしますが、それをベースメイクでつくります。ファンデーションを塗る量を場所によって変えて高低差を作ることで、高いところ（ファンデーションをたくさん盛った部分）には自然に光が集まりますし、低いところ（薄くしか塗らない部分）には光が当たりづらいので、自然と影になります。高低差をつけることが陰影をつけることにも繋がっていて、自然と小顔効果を生んでいます。

そして最後は「距離感を調整する」こと。パーツが顔の中央に集まっていることも美人の条件です。長井メイクでいうならば、メイク語録にもある〝お借りぺぺぺ〟がその代表です。眉頭から色をもってきて、眉頭下のくぼみを少し暗くすることで距離を短く見せるんです。すると両目が少し中央に寄り、パーツが中央に集まった求心的な顔になります。目形に合わせてアイラインを1本、

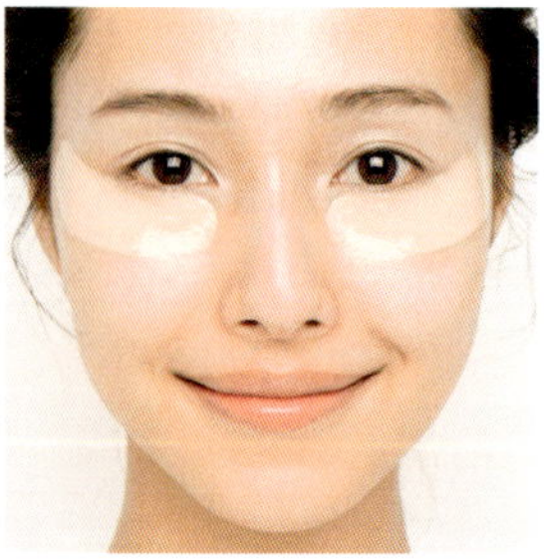

頬が高いのは美人の条件。美肌ゾーンを盛るのは、そこを高く見せて光を集めるためです。

2本と重ねることも、上まぶたと眉の距離を縮めるテクニックといえるでしょう。

おわかりいただけたでしょうか。一重だからダメ、鼻筋が通ってないからダメ……そういった「元々持っている顔立ち」はまったく関係なく、メイクアップで余白をコントロールすることで、いわゆる「みんなが大好きな顔」の条件に近づけていくことができるのです。

魔法のコスメはありません。テクニックをきちんと身につければ、あなたの「キレイ」はもっともっと簡単に引き出せます。皆さんに本書でお伝えした長井メイクは、ここでお話しした余白コントロールの計算がしつくされていますので、今日からぜひスタートしてください。

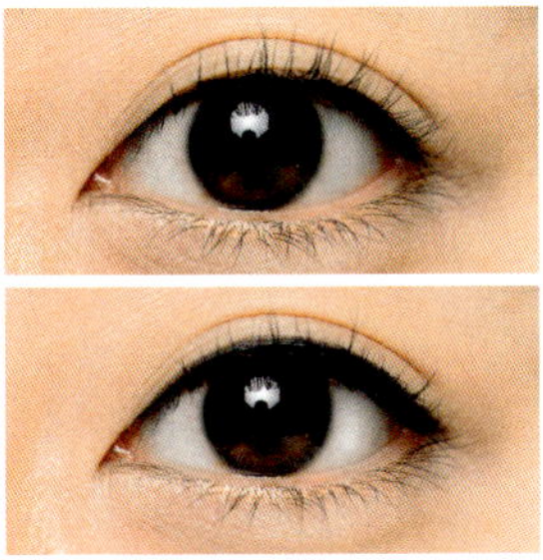

アイラインを1本足すことで、ラインの存在感が増すだけでなく、眉との距離も近づきます。

おわりに
CONCLUSION

これまで年代、流行、場所を問わない、あらゆる女性が輝くツールとしてのメイクを追求してきました。美容部員としての勤務時代から今日まで、一般の女性を誰よりも見て、触れてきた――それは私のヘア&メイクアップアーティストとしての圧倒的な自信となっています。「メイクの力でハッピーになってほしい」そう感じ、思案したその結果、私の中の〝統計〟として出てきた答えが本書で紹介したオンリーワンの〝アプリコットメイク〟です。

自主開催の「パーソナルメイクトレーニング」では、どのようなタイプの女性がいらっしゃっても、ブレることなく同じことを今も教え続けています。皆さんが帰るころには、私ではなく、自らの手で自身をバージョンアップさせ、「自分史上最高」を更新させて帰っていく参加者を見てきました。

どんな女性でもベーシックでゆるぎないメイクテクニックを身につければ、自分の〝キレイの伸びしろ〟に必ず気づくはずです。私はそのことを１００％確信しています。

残念ながら、人は〝憧れの誰か〟に決して変われません。
どうか、あなたはあなたのままでいてください。そんなあなたが、本書で紹介したメイクテクニックによって輝き出し、他の誰かではなく、自分をもっと好きになってくれたら、ヘア&メイクアップアーティストとしてこのうえない喜びです。

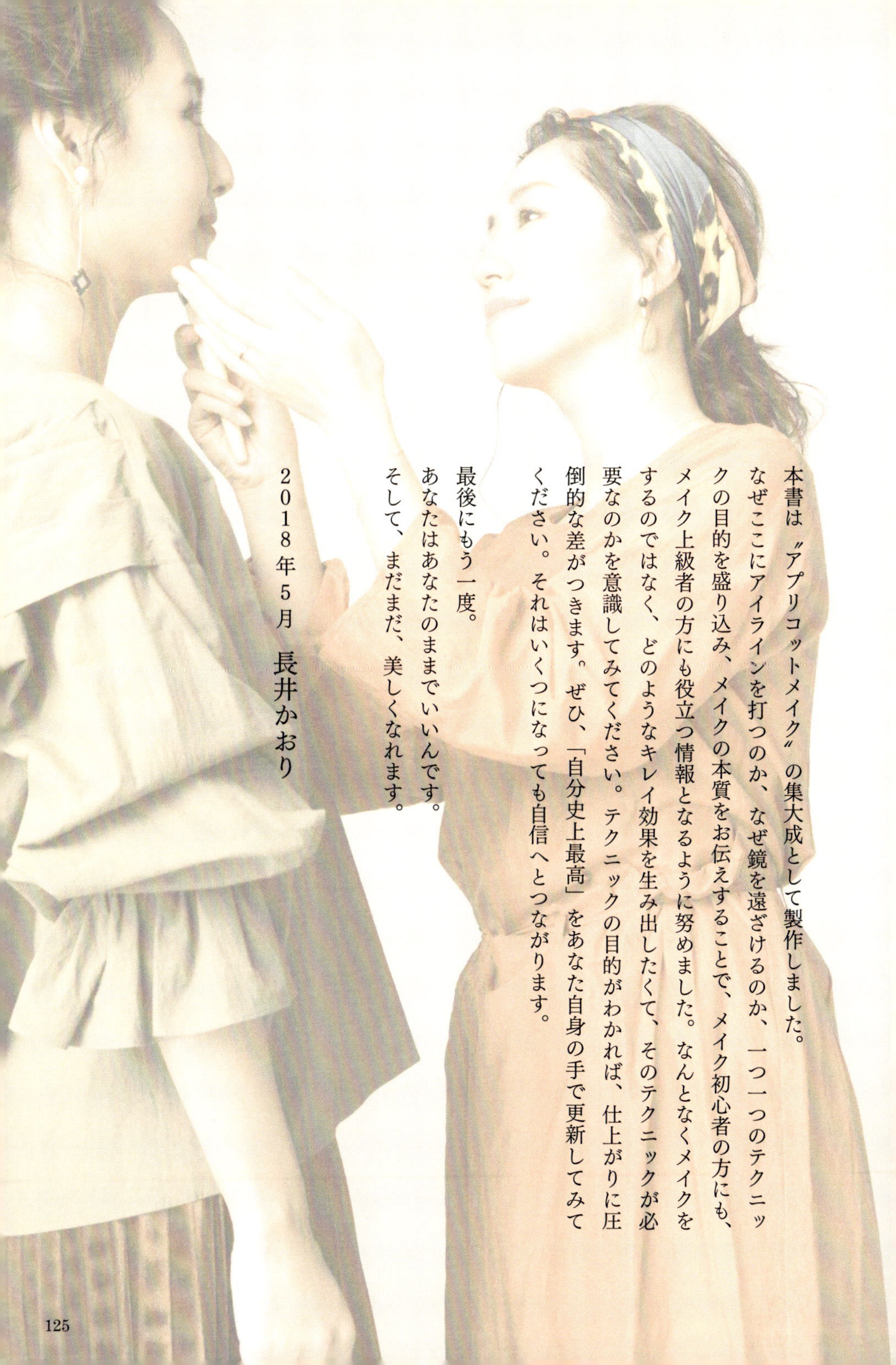

本書は〝アプリコットメイク〟の集大成として製作しました。
なぜここにアイラインを打つのか、なぜ鏡を遠ざけるのか、一つ一つのテクニックの目的を盛り込み、メイクの本質をお伝えすることで、メイク初心者の方にも、メイク上級者の方にも役立つ情報となるように努めました。なんとなくメイクをするのではなく、どのようなキレイ効果を生み出したくて、そのテクニックが必要なのかを意識してみてください。テクニックの目的がわかれば、仕上がりに圧倒的な差がつきます。ぜひ、「自分史上最高」をあなた自身の手で更新してみてください。それはいくつになっても自信へとつながります。

最後にもう一度。
あなたはあなたのままでいいんです。
そして、まだまだ、美しくなれます。

2018年5月　長井かおり

COSMETICS

RMK Division	0120·988271
アディクション ビューティ	0120·586683
アユーラ ラボラトリーズ	0120·090030
ARTISAN&ARTIST	0120·220650
伊勢半	☎03·3262·3123
井田ラボラトリーズ	0120·441184
イプサ お客さま窓口	0120·523543
ヴェレダ・ジャパン	0120·070601
エスティ ローダー	☎03·5251·3386
エテュセ	0120·074316
エトヴォス	0120·047780
MIMC	☎03·6421·4211
msh	0120·131370
エレガンス コスメティックス	0120·766995
オルビス	0120·050050
花王（ソフィーナ）	0120·165691
カネボウインターナショナルDiv.	0120·518520
カネボウ化粧品	0120·518520
カバーマーク カスタマーセンター	0120·117133
コーセー	0120·526311
コーセーコスメニエンス	0120·763328
コスメデコルテ	0120·763325
資生堂／資生堂インターナショナル お客様窓口	0120·814710
シュウ ウエムラ	☎03·6911·8560
SUQQU	0120·988761
セザンヌ化粧品	0120·558515

セルヴォーク	☎03·3261·2892
DHC	0120·333906
ドゥ·ラ·メール	☎03·5251·3541
トーン	☎03·5774·5565
ネイチャーズウェイ（ナチュラグラッセ）	0120·060802
ネオナチュラル	0120·885602
富士フイルム	0120·596221
フローフシ	0120·963277
ベアミネラル	0120·242273
ヘレナ ルビンスタイン	☎03·6911·8287
ボビイ ブラウン	☎03·5251·3485
ヤーマン	0120·776282
ラ ロッシュ ポゼ お客様相談室	☎03·6911·8572
レ·メルヴェイユーズ ラデュレ	0120·818727
ロージーローザ	0120·253001
ロゴナジャパン	☎03·3288·3122

衣装協力

エクラン ルミネエスト新宿店（エクラン）

サンポークリエイト（アネモネ）

CIROI ルミネエスト新宿店（CIROI）

ストックマン（シネクァノン）

NINE LUMINE 新宿（NINE）

※コスメの価格はすべて税別表示。2018年5月23日現在のものです。

長井《ながい》かおり

化粧品メーカーの人気ビューティーアドバイザーとして百貨店に勤務の後、2005年にヘア&メイクアップアーティストへ転身。雑誌・広告・映像などの第一線でモデルや女優のヘアメイクを手がけている。プロの現場で活躍するかたわら、「美容を通して、一般の女性の役に立ちたい」という思いから、自主開催の「パーソナルメイクトレーニング」の活動を全国で行う。「なんとなくかわいいメイク」ではなく、一つ一つ理論に基づいたメイクをわかりやすく解説。時に優しく、時に厳しい半日に及ぶメイクレッスンでは、自分の手で劇的にメイクが変わる参加者が続出し評判となる。募集をすれば即予約で定員に達し、今では〝日本一予約のとれない〟大人気メイクレッスンの一つとなっている。著書に『必要なのはコスメではなくテクニック』『美しくなる判断がどんな時もできる』(以上、ダイヤモンド社)がある。

STAFF

撮影／城 健太 (モデル)　伊藤泰寛 (静物)
スタイリスト／川﨑加織
モデル／石川理咲子、福田明子、菅 未緒、ステラ ハンセン、齋藤りょう子、中原瑞帆、河津美咲
イラスト／ちばあやか
デザイン／宗野 梢 (La Chica)
編集協力／前田美保

Special Thanks 寺本衣里加

講談社の実用BOOK
完全《かんぜん》ビジュアル版《ばん》

テクニックさえ身《み》につければ、
「キレイ」はもっと引《ひ》き出《だ》せる
年代《ねんだい》・流行《りゅうこう》・場所《ばしょ》を問《と》わない「一生《いっしょう》モノの好感度《こうかんど》メイク」

2018年5月23日　第1刷発行
2019年6月 3 日　第4刷発行

著者　長井《ながい》かおり

発行者　渡瀬昌彦
発行所　株式会社 講談社
〒112-8001　東京都文京区音羽2-12-21
電話　編集 ☎03-5395-3529
販売 ☎03-5395-4415
業務 ☎03-5395-3615
印刷所　大日本印刷株式会社
製本所　大口製本印刷株式会社

ISBN978-4-06-299897-0